Argentina es el lugar

Si tu quieres conocer
el planeta en un lugar,
hay un país en Sudamérica
dónde puedes compartir
todo el color, todo el sabor,
todo el amor.

Otoño en primavera,
en invierno nieve y sol,
montañas, selvas, ríos,
y requiebros en la voz;
América en la historia
Europa en la ciudad,
Oriente y Occidente:
¡Argentina es el lugar!
de emociones diferentes
donde puedes encontrar
la sonrisa de una gente
que sabe soñar.

Cuando vuelvas a tu hogar
todos te preguntarán:
¿en qué país has detenido el sol
que has cargado el corazón
con el color, con el sabor, con el amor?
Simplemente les dirás
entre sueño y realidad:
que fue vivir con imaginación
en el centro del planeta:
la Argentina,
es el lugar.

Poema-canción de *Manrique Zago*

Dirección editorial / *Publishing direction*
Manrique Zago

Versión inglesa / *English version*
Norma Roca

Diseño y diagramación / *Design and layout*
Silvia Varela y Miguel Capuz

Coordinación gràfica / *Graphic coordination*
Gabriela Echeverría

Dirección de arte / *Art direction*
Carlos Mordo

Psicologia creativa / *Creative psychology*
Marisa Scancarello Augeri

Armado / *Paste-up*
Daniel Salgueiro y Virginia Giannoni

Realización gráfica / *Graphic realization*
APS Verona, Italia

Relaciones empresariales / *Business relations*
**Nestor Ginart, Liber Bavcevic,
María C. Rojas, Silvia Galarregui,
Carmen Martinez, Jorge Rossi y Rita Veneroni**

country of wonders
Argentina
país de maravillas

Cuarta edición
© 1998 Manrique Zago ediciones
Luis Saenz Peña 232 - C.P. 1110 - Buenos Aires - Argentina
Tel. 54 1 383-2611

Impreso en España
Hecho el depósito que marca la Ley 11.723

ISBN 950-9517-66-6

country of wonders
Argentina
país de maravillas

Textos e imágenes / *Texts and images*
Federico B. Kirbus

Dirección editorial / *Publishing direction*
Manrique Zago

Coproducción fotográfica / *Photographic coproduction*
Marlú Kirbus

Coordinación editorial / *Publishing coordination*
Silvia Varela

Manrique Zago ediciones

Gentileza Secretaria de Turismo

Tigre, Buenos Aires.

Valle Hermoso, Mendoza.

Parque Nacional Tierra del Fuego.

Valle Encantado, Salta.

Indice
Index

ARGENTINA
Y CONQVISTA DEL RIO
DE LA PLATA, CON OTROS ACAE-
cimientos de los Reynos del Peru, Tucuman, y esta-
do del Brasil, por el Arcediano don Martin del
Barco Centenera.

Dirigida a don Cristoual de Mora, Marques de Castel Ro-
drigo, Virrey, Gouernador, y Capitan general de Portugal, por el Rey Philipo III, nuestro Señor.

Con licencia, En Lisboa, Por Pedro Crasbeeck. 1602

El nombre Argentina

El término Argentina nació a principios del siglo XVI como adjetivo lírico, producto de la latinización —por entonces muy en boga— de los vocablos platense y rioplatense. El seno que forman las desembocaduras de los ríos Paraná y Uruguay fue conocido en 1516 por Juan Díaz de Solís y llamado "Río de Solís" en su recuerdo, el primer europeo de quien se sepa que surcó sus aguas. A partir de la expedición de Sebastián Gaboto por el río Paraná en busca de la "Sierra de la Plata" (1527/28) se confirmaron los rumores iniciales sobre la existencia de metales nobles cuando los miembros de esa expedición obtuvieron, en canje con los indígenas, numerosos objetos de oro y plata que en parte fueron remitidos a la Península. Entonces comenzó a arraigarse la denominación Río de la Plata, en España, y Rio da Prata, en Portugal.

Con la expedición en 1536 de don Pedro de Mendoza, fundador de la primera Buenos Aires (que tuvo una existencia de cinco años) a orillas del entonces Riachuelo de los Navíos y actual río Luján, se confirmó de manera definitiva el nombre Río de la Plata; ese mismo año apareció el topónimo por vez primera en un atlas grabado por el veneciano Bautista Agnese.

Martín del Barco Centenera, miembro de una expedición posterior encabezada por Juan Ortiz de Zárate, probablemente tras inspirarse en la gran poesía épica *La Araucana* creada por Alonso de Ercilla y Zuñiga, publicó en 1602 en Lisboa un poemastro titulado *Argentina y conquista del Rio de la Plata, con otros acaecimientos de los Reinos del Perú, Tucumán y Estado del Brasil,* compuesto por 25 cantos o capítulos.

Del Barco Centenera, en lugar de rioplatense, usó el adjetivo argentino (de *argentum,* plata) al referirse a "argentino reino", "argentino río" y "gobierno argentino", y llama "El Argentino", no la Argentina, a la región del Río de la Plata; *Argentina* es el título de su libro.

The name Argentina

The term Argentina originated in the beginnings of the XVI century as a lyrical adjective, product of a latinization which was very in fashion during those days of the words "platense" and "rioplatense" which meant river of the "plata", plata in turn meaning "silver". The cove that is formed by the flow of the Parana and Uruguay rivers was discovered by Juan Diaz de Solis in 1516 and called the "Solis' River" in his memory. He was the first European known to have sailed its waters. After the expedition led by Sebastian Gaboto through the Parana River in search of the Sierra de la Plata (1527/28). Initial rumors about the existence of noble metals were confirmed by the members who obtained numerous gold and silver objects. These valuable pieces were in part sent to Spain.

Thus the name Rio de la Plata began to take its roots in Spain and Rio da Prata in Portugal, both meaning the river of the silver.

In 1536 don Pedro de Mendoza, founder of the first Buenos Aires which had an existence of 5 years, set on his expedition along the bank of what was then known as the Riachuelo de los Navios and presently called Rio Lujan.

Martin del Barco Centenera, a member of a later expedition led by Juan Ortiz de Zarate, probably after inspiring himself upon the great poetic epic created by Alonso de Ercilla y Zuniga La Araucana *published his own poem in Lisbon in 1602, which consisted of 25 chapters or stanzas titled* Argentina and the conquest of the Rio de la Plata, with other events of the Realm of Peru, Tucuman and Brazil.

Del Barco Centenera used the adjective argentino *(from the latin word* argentum *meaning silver) instead of* rioplatense *when he made reference to the* reino argentino *(argentine realm); he also calls the Rio de la Plata region* El Argentino *and not* La Argentina. *The title of his book is* Argentina.

Así se formó la Argentina

La Argentina que hoy conocemos no es igual a la que hallaron sus primeros habitantes, hace más de 10.000 años, y mucho menos a la de hace varios millones de años. Los estratos aluvionales que aparecen como capas en la fotografía de arriba dan cuenta de la sucesión de distintas etapas geológicas recientes.

La masa terrestre que en parte es ocupada por la República Argentina formaba parte de un supercontinente llamado Gondwana, del cual la cuña sudamericana se desprendió para trasladarse en dirección opuesta al sentido de rotación del planeta. A raíz de esta traslación se formó la cadena montañosa llamada Andes.

Partes del territorio son muy antiguas, otras son fruto de una sedimentación reciente, en tanto que la cordillera continúa todavía elevándose. Un ejemplo elocuente del constante cambio es el Delta del Paraná, cuyas islas avanzan hacia Buenos Aires y la boca del estuario a razón de 50 a 100 metros por año.

Tal proceso geológico en plena evolución contrasta con el hecho de que frente a esta maraña de islotes y riachos emerge la isla de Martín García, afloramiento residual de una cadena de montañas ya casi limada por la erosión; las rocas de la isla corresponden al precámbrico y tienen unos 570 millones de años. La cordillera de los Andes se formó por plegamiento (y en parte por la actividad volcánica) hace tan sólo 20 millones de años.

This is how Argentina was formed

The Argentina we know today is not the same one that was found by its early inhabitants more than 10,000 years ago and much less like the one from a few million years ago. The stratum of alluvium deposits that appear like layers in the photograph above show the different successive recent geologic stages.

The terrestrial mass that is occupied partly by the Argentine Republic was part of a supercontinent called Gondwana, from which the South American wedge broke off moving in opposition to the rotation of the planet and thus creating the mountainous chain called The Andes.

Parts of the territory are very ancient, others are the result of recent sedimentation, while the Andes mountain range (cordillera) continues to rise. An eloquent example of the constant change is the Parana delta, whose island advances towards Buenos Aires and the estuarial mouth at a pace of 50 to 100 meters a year.

This geological process which is undergoing continuous evolution contrasts with the fact that across this web of islets and streams emerges the island of Martin Garcia, a residual outcrop pertaining to a chain of mountains almost worn down by erosion; the rocks on the island belong to the Precambrian and are about 570 million years old. The Andes mountain range in turn was formed because of folds (and partly due to volcanic activity) only 20 million years ago.

Edades geológicas

Precámbrico. Esta era es anterior a la formación de la vida. Un ejemplo típico de esta época es la isla Martín García, en el Río de la Plata (570 millones de años), aunque las Sierras Grandes de Córdoba son tanto o más antiguas (600 a 900 millones de años).

Cámbrico. Esta etapa geológica abarca desde 570 hasta 510 millones de años antes del presente (a.d.p.). Un modelo de este período es la formación de El Zonda, en San Juan. Aparecen en su transcurso los trilobites.

Ordovícico. El ordovícico se manifiesta en diferentes partes del territorio. Ejemplos de este ciclo son el cerro San Bernardo de Salta, con sus trilobites fosilizados, y la formación que rodea la quebrada de Villavicencio, en Mendoza (entre 510 y 438 millones de años). Se manifiestan los primeros amonites, corales y peces.

Silúrico. El silúrico abarca de 438 a 410 millones de años a.d.p. Exponentes de esa época son las hematitas (mineral de hierro) de Sierra Grande y las cuarcitas de Sierra de la Ventana.

Devónico. El devónico comprende la fase que corre entre 410 y 355 millones de años. Exponentes característicos son las lutitas grises y verdosas del valle del río Jáchal, San Juan, y las areniscas y lutitas de Sierra de la Ventana. Primera aparición de plantas vasculares terrestres, hace 400 millones de años.

Carbonífero. Muestras de esta etapa son las delgadas capas de carbón y arenisca en la quebrada de Huaco, San Juan, y las areniscas de Olta, La Rioja, de donde se extraen las lajas para la construcción (355 a 290 millones de años).

Pérmico. 290 a 250 millones de años. Son representativas las formaciones de Los Colorados y La Torre, en La Rioja, como también los estratos inferiores de Talampaya. Se extinguen los trilobites.

Triásico. Se extiende de 250 a 205 millones de años a.d.p. En su transcurso surgen los dinosaurios y formas primitivas de mamíferos. Formaciones geológicas típicas son El Alcázar, en San Juan, e Ischigualasto (Valle de la Luna), en La Rioja, del triásico superior.

Jurásico. Este período se extiende de 205 a 135 millones de años. Las formaciones vecinas a Malargüe y Zapala son características de esta etapa, lo mismo que las calizas amarillas de Puente del Inca, Mendoza.

Cretáceo. El cretáceo marca el apogeo y el abrupto fin, hace 65 millones de años, de los dinosaurios. Formaciones características de esta edad son: El Espinazo del Diablo, en Tres Cruces, Jujuy; los Siete Hermanos, en Yavi, Jujuy; el Cerro de los Siete Colores, en Purmamarca, y la Sierra de las Quijadas, San Luis.

Terciario. Comienza hace 65 millones de años y marca el desarrollo extraordinario tanto de mamíferos como de peces. Datan de esa época el cerro Chenque, próximo a Comodoro Rivadavia; el cerro Penitentes, al este de Puente del Inca, y la Paleta del Pintor, en Maimará, Jujuy. Termina hace 2.200.000 años.

Cuartario o cuaternario. Los últimos dos millones de años están marcados por una intensa actividad volcánica. Testigos de esta etapa son el Tronador, cerca de San Carlos de Bariloche; los volcanes Lanín y Tromen y la región Payunia, no lejos de Malargüe, con el volcán Payún Matrú en su centro.

Geologic time

Precambrian. This era precedes the formation of life. A typical example of this era is the Martin Garcia island in the Rio de la Plata (570 million years) although the mountain range found in the province of Cordoba called Sierras Grandes are just as ancient if not more so (600 to 900 million years).

Cambrian. This geologic epoch dates from 570 to 510 million years before present time. Representative of this period is the formation of the Zonda in the province of San Juan. Within this lapse of time the trilobites appear.

Ordovician. The Ordovician period is manifested in different parts of the territory. Examples of this cycle are the hill of San Bernardo in the province of Salta with fossilized trilobites and the formation that surrounds the ravine of Villavicencio in Mendoza (between 510 and 438 millions of years). The first ammonite, corals and fish are manifested.

Silurian. The Silurian period comprises between 438 to 410 millions of years before present time. Exponents of that time are the hematites (iron mineral) found in the Sierra Grande and the cuarcitas silicic rocks found in the rocky mountain range of Sierra de la Ventana.

Devonian. The Devonian age is within the phase that runs between 410 and 355 million years. Some characteristic exponents include the grey and greenish shales of the valley of the river Jachal in San Juan, and the sandstone and shales of the Sierra de ia Ventana. The first terrestrial vascular plants appear, 400 million years ago.

Carboniferous. The thin layers of coal and sandstone in the ravine of Huaco, in San Juan are some samples of this stage. Also the sandstones at Olta in the province of La Rioja from where flat stone used for construction is obtained (355 to 290 millions years).

Permian. 290 to 250 millions of years. Representative of this period are the formations of The Colorados and La Torre in the province of La Rioja as well as the lower layers of the Talampaya. The trilobites become extinct.

Triassic. It extends 250 to 205 million years before present time. During its course the earliest dinosaurs appear as well as primitive forms of mammals. Some typical geologic formations include El Alcazar in the province of San Juan, the Ischigualasto (Valley of the Moon) in the province of La Rioja, the top triassic sedimentary layer.

Jurassic. This period extends between 205 to 135 million years. The formations neighboring Malargüe and Zapala as well as the yellow chalices at Puente del Inca in the province of Mendoza, are charateristic of this era.

Cretaceous. The cretaceous period marks the highlight and abrupt end 65 million years ago, of the dinosaurs. Characteristic formations of this era include: El Espinazo del Diablo, in Tres Cruces, Jujuy; Los Siete Hermanos, in Yavi, the province of Jujuy; The Mountain of the Seven Colors in Purmamarca and the rocky mountain range Sierra de las Quijadas in San Luis.

Tertiary. It began 65 million years ago and marks the extraordinary development of mammals and fish. The hills dating back to that time are the Chenque near Comodoro Rivadavia and Penitentes east of the Puente del Inca. Also the Paleta del Pintor (painter's pallette) in Maimara, province of Jujuy. It ends 2,200,000 years ago.

Quaternary. The last two million years are marked by an intense volcanic activity. Witnessing this stage are the Tronador, near San Carlos de Bariloche; the volcanoes Lanin and Tromen and the region of Payunia, not far from the Malargüe, with the Payun Matru volcano in its center.

En el actual territorio argentino están representadas todas las edades geológicas desde antes de la aparición de la vida. La isla Martín García que aparece en la vista aérea corresponde al precámbrico, una de las formaciones más viejas. El Alcazar, en San Juan (izq.) es del triásico, cuando aparecen los mamíferos. Geológicamente muy reciente es en cambio el hermoso volcán Tromen, en Mendoza. La polícroma Paleta del Pintor en Humahuaca (abajo, izq.) corresponde al terciario, en tanto que el Espinazo del Diablo, en la Puna de Jujuy, se remonta al cretáceo.

The Argentine territory contains formations of all geological ages since before the origins of life. The Martin García island in the Rio de la Plata seen in the aereal photograph above belong to the most remote geological time, called precambrian. El Alcazar, in San Juan province (left) is formed in the period when the first mammals appeared, classified as triassic. Geologically very young, in turn, is the Tromen volcano in southern Mendoza. The policromous Paleta del Pintor in Humahuaca (below, left) evolved during the tertiary, whilst the Espinazo del Diablo, in the Puna de Jujuy (bottom) belong to the cretaceous.

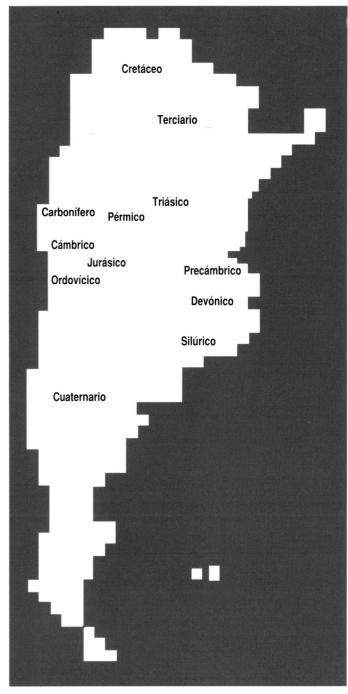

Cretáceo

Terciario

Triásico

Carbonífero   Pérmico

Cámbrico

Jurásico

Ordovícico

Precámbrico

Devónico

Silúrico

Cuaternario

Encanto y misterio de Martín García

Martín García debe su nombre a uno de los integrantes de la expedición de Juan Díaz de Solís, realizada en 1516, que fue enterrado en ese sitio. Este islote, cuya cota máxima llega a los 27 m, es el afloramiento de un desaparecido macizo montañoso que llegaba desde el sur del actual Brasil hasta las sierras de la Ventana y de Tandil. De sus canteras fueron extraídas las piedras usadas para la construcción de los primeros edificios grandes de Buenos Aires, que por su tamaño no podían ser de adobe puro, como por caso la iglesia de San Ignacio (1722), la construcción más vieja de la capital argentina.

En siglos pasados la isla fue estación de cuarentena para inmigrantes, base militar y naval y colonia penal donde permanecieron recluidos incluso varios presidentes argentinos. En los últimos años Martín García ha sido abierta al público, que la visita en grupos organizados, individualmente en lancha o bien llegando en aeroplano. Existen una pequeña hostería y algunos comercios en medio de un ambiente bucólico al que da marco una frondosa selva ribereña. La distancia desde Buenos Aires es de 45 km, y tan sólo 3,5 km la separan de la costa uruguaya (Punta Martín Chico); la superficie es de 190 hectáreas.

En tiempos más recientes se formó hacia el norte un banco sobre el que se comenzó a desarrollar una isla baja de juncos, llamada Timoteo Domínguez, que terminó uniéndose a Martín García, siendo aquélla uruguaya y ésta, argentina. Un paraje que merece ser conocido.

The mystery and enchantment of Martin Garcia

Martin Garcia gets its name from one of the men who took part in the expedition led by Juan Diaz de Solis in 1516, and was buried there. That islet which has a maximum elevation reading of 27 meters is the outcrop of a disappeared mountain range that run from the south of what is now Brazil to the rocky mountain range of La Ventana and of Tandil. The stones used in the construction of the first large buildings in Buenos Aires, were taken from its quarries, being that they could not be made from purely adobe as was the case in the church of San Ignacio (1722) the oldest construction of the Argentine capital.

In past centuries the island was a quarantine station for immigrants, a military and naval base, and a criminal confinement colony where even some Argentine presidents were held prisioners. In recent years the Martin Garcia island has been made open to the public. People visit it through organized tours, on their own, by boat or even by plane. There is a small hotel and there are some shops amidst a bucolic atmosphere which completes the setting of an abundant riverine forest. Its distance from Buenos Aires is 45 km and only 3.5 km from the coast of Uruguay (Punta Martin Chico); the area is 190 hectares.

More recently towards the north of the island a bank was formed on which a low island of reed, called Timoteo Domínguez developed, connecting itself to Martín García, that one being Uruguayan and this one Argentine. A place worth seeing.

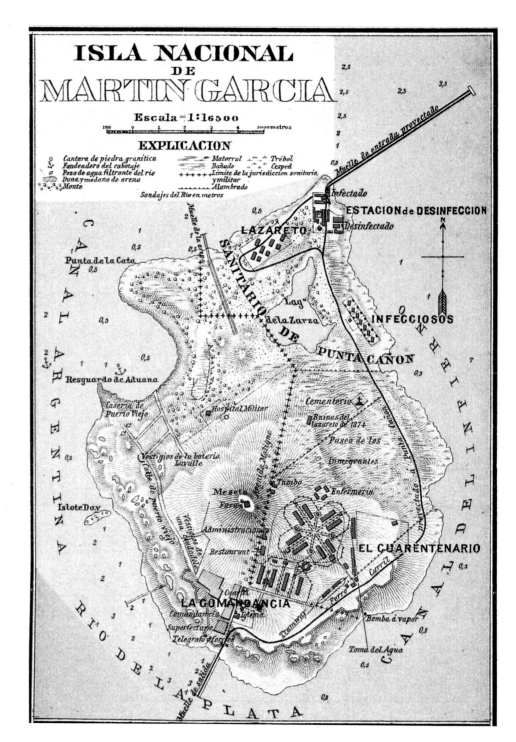

Diez mil años de secuencias culturales

Ten thousand years of cultural secuences

Este conjunto de instrumentos líticos abarca desde el paleolítico argentino, pasando por el mesolítico, hasta el neolítico. Arriba, izq. y centro: bifaces o hachas de mano. Arriba, der.: Punta de lanza tipo "lengua de gato", cultura Intihuasi o Ayampitín, de hasta 8.000 años de antigüedad. Abajo: Puntas de dardo (izq.) y de flecha disparados por un arco. Tales piezas eran elaboradas a partir de la piedra común, apta para el tallado, cuarzo (material blanco lechoso) u obsidiana (vidrio volcánico), raras veces de hueso o de madera endurecida al fuego.

This group of lithic instruments encompasses from the Argentine paleolithic, then going into the mesolithic until reaching the neolithic. Top, left and center: hand axes. Top, right: Spear point looks like cat tongue, belonging to Intihuasi or Ayampilin, culture dates back to 8,000 years ago. Below: darts (left) and arrow points shot by a bow. Such pieces were elaborated from common stone, apt for carving, quartz (white milky material) or obsidian (volcanic glass), rarely from bone or wood hardened by fire.

La vida espiritual de los indígenas que habitaron lo que es hoy territorio argentino era muy intensa. En sus centros de culto plasmaban en la roca, con fines propiciatorios, pictografías (pinturas elaboradas a base de pigmentos naturales y aplicadas con un hisopo) y petroglifos (grabados). La escena de la derecha, preservada en una piedra en las proximidades de las ruinas prehispánicas de Tastil (Quebrada del Toro, Salta), muestra a un cazador con arco y flecha persiguiendo un grupo de camélidos, animales abundantes en la región valliserrana.

The native indians who lived in what is today Argentine territory had a very intense spiritual life. You could find in the centers which were used for cult practice, stone creations, with propiciatory purposes, pictographs (elaborate paintings with natural pigment base coloring and applied with hyssop) and petroglyphs (carvings). The scene on the right, preserved on a rock in the proximity of the prehispanic ruins of Tastil (in the Quebrada del Toro in the province of Salta) shows a hunter with bow and arrow chasing a group of camelidae animals abundant in the region.

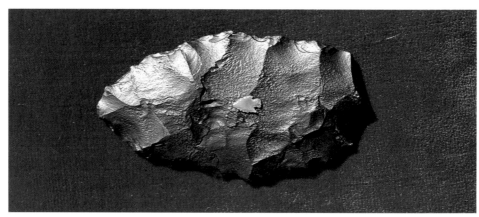

Arriba, izq. y der.: Los aborígenes desarrollaron hasta un alto grado de perfección el tallado de la piedra. Lo demuestran la minúscula punta de flecha para la caza de pájaros y el magnífico ejemplar de hacha de mano. Abajo: Dos exponentes de la habilidad de los indios del noroeste para esculpir la piedra. Tanto en la talla tosca como en la bien acabada, los efectos eran igualmente expresivos. La edad de estos objetos oscila entre 2.000 y 3.000 años.

Top, left and right: the aborigines developed a high degree of perfection in working the stone. This is shown by the tiny arrowhead used to hunt birds and the magnificent sample of the hand ax. Below: Two exponentes of the skill the northwest indians had to sculpture stone. As much in the rough carving as in the refined one the effects were just as expressive. The age of these objects range between 2,000 and 3,000 years before present time.

Página anterior. Comarcas increíblemente bellas, como el Valle Hermoso (Mendoza), ya eran habitadas por los indígenas. Hoy es una atracción turística de primera.

Previous page. Territories like the incredibly beautiful Valle Hermoso (Mendoza province) were already inhabited by the Indians. Today it is a top touristic attraction.

Secuencia cultural

1540 en adelante
Etapa indígena colonial e hispánica. Los aborígenes continúan viviendo como antes, pero incorporando adelantos y vicios que les traen los conquistadores.

1480 a 1540
Periodo imperial. Se siente en el noroeste la influencia de la poderosa cultura de los incas; florece la técnica de la fundición del bronce.

1000 a 1480
Desarrollos regionales. Los clanes se transforman en tribus; surgen importantes núcleos urbanos; hay profesiones especializadas (alfareros, orfebres, tejedores); horticultura intensiva.

600 a.C. a 1000 d.C.
Período formativo. Se pasa de la caza y la recolección a la etapa productora (cultivos y cría de ganado de camélidos) y se especializan artesanos; hacia el final la cerámica alcanza un alto nivel; uso del arco y la flecha.

1000 a 600 a.C.
Alfarero inferior. Ya hay asentamientos dispersos y cultivos, aunque sin riego artificial todavía; primera cerámica tosca a partir de 1.000 años a.C. (Incacueva, Jujuy).

5000 a 1000 a.C.
Precerámico. El hombre que puebla el territorio argentino apenas es sedentario, y usa cuevas, cavernas, aleros, ramadas y carpas de pieles para guarecerse de la lluvia y el frío; caza y pesca extensiva.

13000 a 5000 a. C.
Preagrícola. Subsistencia a base de caza, pesca y recolección cacería con lanzas y dardos; uso del hacha de mano. Existe y se extingue el Hippidion, caballo americano grande; hay un sentimiento comunitario y celebraciones rituales.

antes de 13000 a.C.
Periodo arcaico. Con el retroceso de la glaciación el hombre sale de la región selvática y comienza a recorrer las planicies como cazador y recolector, moviéndose en grupos familiares.

Cultural sequence

1540 onwards
Colonial and Hispanic Native Era. Aborigines keep living as in the past but adopt progress and vices introduced by the conquerors.

1480 to 1540
Imperial Period. The strong Inca culture is felt in the Northwestern region. Bronze casting flourishes.

1000 to 1480
Regional Growth. Clans become tribes. Important urban unities grow. Craftmanship begins (potters, goldsmiths, silversmiths, weavers); intensive horticulture.

600 B.C. to A.D.
Formative period. Hunting and collection of food is left behind for a more productive stage (cultivation, and cattle raising). Craftmanship expertise. Towards the end, pottery reaches a top level. Use of bow and arrow.

1000 to 600 B.C.
Lower pottery. Scattered settlements and cultivation but no artificial irrigation yet. First rough pottery from 1000 B.C. at Incacueva, Jujuy.

5000 to 1000 B.C.
Pre-pottery. Man inhabits Argentine territory when he becomes sedentary and uses caves, caverns, huts and leather tents to shelter from rain and cold weather. Extensive hunting and fishing.

13000 to 5000 B.C.
Preagricultural Period. Survival means: hunting, fishing, and recollection. Hunting with spears and arrows. Hand ax. The Hippidion, a large American horse, becomes extinct. Community feeling and ceremonial activities.

Before 13000 B.C.
Archaic Period. As glaciers retreat, man leaves the jungle and starts to wander along the plains, hunting and recollecting in family groups.

De la cerámica
a la metalurgia

From pottery
to metallurgy

Arriba: Vasija restaurada de la cultura Aguada, cuya parte externa está rodeada de figuras zoomorfas. Izquierda: Tres estupendos exponentes de la cultura Condorhuasi (100 a 350 d.C.), también de la región noroeste. En esta cerámica polícroma las formas son una mezcla de figuras ántropo y zoomorfas. Condorhuasi es casi contemporánea de Ciénaga I, otra gran cultura alfarera, pero de expresiones abstractas.

Above: Restored container from the Aguada culture, its external part is surrounded by zoomorphic figures. Left: Three stupendous examples of the Condorhuasi culture (100 to 350 A.D.) also from the northwest region. In this polychrome ceramic the shapes are a combination between anthropoid and zoomorphic figures. Condorhuasi and Cienaga I (also a great pottery culture but of abstract expressions) are almost contemporary.

El desaparecido coleccionista privado y director del museo arqueológico Ambato (La Falda, Córdoba), don Aroldo Rosso, sosteniendo en sus manos un ejemplar casi intacto de un vaso con asa de la cultura Aguada. Esta etapa cultural se distinguía por la cerámica negra con motivos blancos incisos, de índole naturalista como este lagarto. La alfarería tosca más antigua hallada en suelo argentino (yacimiento Incacueva, Jujuy) se remonta a 1.000 años a.C.

The late private collector and director of the Ambato archaeological museum (La Falda, Cordoba) don Aroldo Rosso, holding an almost intact tumbler with handle from the Aguada culture. This cultural stage was distinguished by its black ceramic with white motifs inserted, usually of a natural theme like this lizzard. The oldest pottery found on Argentine soil (Incacueva deposit in Jujuy) goes back to 1,000 years B.C.

Arriba: Hacha ceremonial fundida en bronce con una habilidad no alcanzada siquiera por la metalurgia de los incas.
Derecha: Máscara ceremonial de piedra, región catamarqueña (Foto: Alberto Lindor Ocampo).
Abajo: Adornos de oro y plata y dos rompecabezas (mazas esféricas con protuberancias que se colocaban en el extremo de un palo para matar al enemigo).

Top: Ceremonial ax fused in bronze with a skill not achieved even by the Incas. Right: Ceremonial stone mask from the region of Catamarca (Photo: Alberto Lindor Ocampo). Below: Ornaments in gold and silver and two maces (spherical with protuberances placed at the end of a stick to kill the enemy).

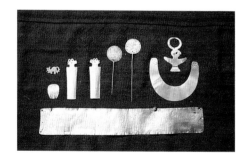

La vista de la cuesta del Portezuelo sintetiza idealmente el panorama del Noroeste, tanto en esta imagen como a través de la conocida canción: "Paisajes de Catamarca, con mil distintos tonos de verde; un pueblito acá, otro más allá, y un camino largo que baja y se pierde..."

The Portezuelo pass in Catamarca symbolizes the unique charm of the Northwest, through this photo as well as through the wellknown tune, which goes: "Lovely Catamarca landscape, with a thousand different shades of green; a hamlet here, and a hamlet there, and a path descends and disappears in the beyond..."

Noroeste y Puna

Northwest and Puna

A los fines geopolíticos, la porción noroccidental del territorio nacional se denomina NOA (por noroeste argentino) y comprende las provincias de Salta y Jujuy. Pero al agrupar para este libro paisajes y costumbres similares, el capítulo correspondiente a este sector incluye, además de las dos citadas, también las provincias de Tucumán, Catamarca y Santiago del Estero.

La parte más atractiva para el turismo es la región valliserrana, llamada así porque engloba los valles y las quebradas, los ríos y los oasis más pintorescos: Calchaquí y Humahuaca, entre otros. También abarca la Puna de Atacama, o simplemente Puna, un territorio desértico, hostil pero de cautivante belleza. Prácticamente, se trata de una placa de tres kilómetros y medio de espesor colocada sobre el continente sudamericano, de la que emergen los más altos volcanes y se extienden los salares más vastos que se pueda imaginar.

La característica propia del NOA y la Puna es que en muchas partes se conservan los usos y las tradiciones ancestrales, pues en numerosos pueblitos recónditos todavía viven descendientes más o menos directos de los indígenas, que siguen hablando quechua. De las antiguas culturas dan cuenta los muchos yacimientos arqueológicos y los testimonios conservados y expuestos en los museos.

En el área descripta, excepto el caso particular de Tucumán, llueve poco o nada en primavera, invierno y otoño; pero cuando lo hace, en verano, las precipitaciones son tanto más copiosas y violentas.

Las vías de comunicación se hallan en general en excelente estado de conservación, salvo algunos cortes temporarios que una tormenta estival puede causar. Donde termina al pavimento y comienza el ripio con los automóviles de hoy no hay problema alguno para circular sin contratiempos.

Las fotografías son meros ejemplos de las atracciones de esta área. Quince dias pueden ser suficientes para visitarla pero no alcanzaría toda la vida para conocerla.

For geopolitical purposes, the northwestern region of the country is denominated NOA (noroeste argentino) and comprises the provinces of Salta and Jujuy; however, for the purposes of showing similar landscapes and ways of living in this book, the chapter dedicated to this area also includes, apart from these two provinces, Tucuman, Catamarca and Santiago del Estero.

The most attractive area for tourism is the Valliserrana region comprising valleys and gorges, rivers and picturesque oasis such as Calchaqui and Humahuaca, among others. It also includes the Puna de Atacama, or simply the Puna, a desert-like region, hostile but fascinating. Practically, it is a three-and-a-half-kilometer-thick plaque placed on the South American Continent with high volcanoes protruding and the largest salt flats ever conceivable.

The unique feature of the NOA and the Puna lies on the fact that ancestral practices and traditions are still kept in many places as several small distant villages are inhabited by indian descendants who continue speaking quechua. Many archaeological sites and vestiges now kept and shown in museums tell of the ancient civilizations.

It almost does not rain in spring, winter and autumn in the region described, except in the particular case of Tucuman, but when it does, in summertime, it pours. Thus, the most convenient months for touring are from March till November.

In general, communication routes are perfectly maintained except for some temporary cuts due to summer storms. Nowadays, modern cars present no problems where paved roads become gravel paths.

Photographs only intend to be mere samples of the many attractions of this area. Fifteen days can be enough for touring the region but not even a whole life is enough to know it well.

En el confín del territorio. El Angosto se denomina una aldehuela situada en una hondonada policroma que forma el río San Juan antes de internarse en territorio boliviano. Este pueblito es el lugar más septentrional al que se puede llegar en la Argentina; el extremo opuesto es Lapataia, en Tierra del Fuego. En esta apartada región puneña la fe cristiana tiene un profundo arraigo. Testimonio de esto son las numerosas capillas, como esta de la Laguna Pozuelos, hecha con adobes a la vista y reflejo fiel de un estilo arquitectónico nacido de la necesidad por falta de materiales mejores.

Within the boundary of the territory. El Angosto is the name of a small hamlet located on a polychrome dale formed by the river San Juan before it enters Bolivian territory. This little town is the northernmost place you can go in Argentina; the opposite extreme is Lapataia in Tierra del Fuego. In this faraway region of the Puna, the christian faith is profoundly established. This can be seen in the numerous chapels like this one near Laguna Pozuelos, made of sun dried clay bricks which truly reflects the architecture born out of lack of better materials.

Pueblos de la Puna. Al llegar a una solitaria aldehuela como Cochinoca, antigua parroquia, una cruz adornada con verde saluda al viajero. En otros caseríos de la región, como Casira o Calahoyo, hábiles alfareros elaboran vasijas, ollas y tinajas.

Hamlets on the Puna (the high plateau). The rare visitor who arrives at Cochinoca, first parish of the region, is greeted by a cross adorned with green branches. In other villages nearby, like Casira and Calahoyo, skilled ceramists produce pottery for the tourists.

El pueblo remoto. Santa Victoria Oeste se llama esta joya enclavada entre altísimos cerros, a 2.275 m, exactamente 120 km al este de La Quiaca. La difícil ruta de acceso al pueblo, que atraviesa cuatro abras de más de 4.300 m de elevación, fue inaugurada en 1963. Aun así, hasta el día de hoy Santa Victoria permanece muy aislada y por tanto se conserva como un verdadero museo al aire libre. El camino estrecho corre tan alto que las cumbres de los cerros cercanos emergen por encima de la capa de nubes que cubre el valle.

Santa Victoria fue una encomienda-finca del marqués de Campero y sus orígenes se remontan al siglo XVII. Sus habitantes viven de la horticultura y la cría de ganado, cortan madera y trabajan en las minas de los alrededores. El turismo todavía no ha invadido esta aldea como salida de un cuento de hadas. La mayoría de sus calles son adoquinadas y, casi sin excepción, muy empinadas.

A remote town. Santa Victoria is the name of this jewel enclaved within very high hills, at 2,275 m exactly 120 km east of La Quiaca. The difficult road with access to the town that crosses 4 dales of more than 4,300 m of elevation was inaugurated in 1963. Even so to this day Santa Victoria remains very isolated and therefore seems a true open air museum. The narrow road runs so high that the nearby hilltops stand out above the layer of clouds that cover the valley.

Santa Victoria was a farm-commandery pertaining to the Marquis of Campero and its origin goes back to the 17th century. Horticulture and raising cattle are the main activities of the population, though they also cut wood and work in the nearby mines.

Tourism has fortunately not yet invaded this hamlet taken from a fairytale. Most of its streets are cobble stone and almost without exeption are very steep.

Por tener un solo camino de acceso y de difícil desarrollo, casi nunca llegan forasteros a Santa Victoria. En su iglesia parroquial se venera una efigie de tamaño natural de Santiago Apóstol, el matamoros, montado a caballo. Los habitantes de la aldehuela visten como acostumbraban sus antepasados, en domingos de gala con poncho, aunque no para el turismo, que aquí prácticamente no se lo conoce.

Being that it has only one access road and it is difficult to transit, outsiders almost never make it to Santa Victoria. In its parrochial church a life size image of Santiago Apostol riding a horse, is worshipped. The inhabitants of the hamlet still dress like their ancestors, they use the poncho as their formal dress on Sundays. Tourism is not known here.

La reina de los Andes. Uno de los animales más característicos y graciosos de la Puna y los Andes es la vicuña. Después de haber sido diezmadas, las vicuñas volvieron a poblar los pastizales del altiplano y a juntarse cerca de los puquíos u ojos de agua. El más pequeño de los camélidos americanos (los otros son la llama, el guanaco y la alpaca) alcanza una talla de 1,10 m, puede llegar a los 25 años y pesa, adulto, entre 60 y 70 kg. En libertad vive en grupos de seis a doce hembras junto a un macho ("relincho"). Hay en el país varias reservas naturales y un criadero de esta especie en Miraflores, cerca de Abra Pampa, Jujuy.

The queen of the Andes. One of the most characteristic and cutest animals of the Puna and the Andes is the "vicuña". After being decimated, the vicuñas once again settled the grasslands of the altiplano and gathered near the springs or the spring eye of water. The smallest of the american camelidae (the others are the guanaco, the lama and the alpaca) has a size of 1.10 m and can live up to 25 years and weigh, as adults, between 60 and 70 kg. It lives in groups of six to twelve females and one male colt ("relincho").
There are various natural reserves and a breeding place of this species in Miraflores, near Abra Pampa in Jujuy.

Campanas y paisaje. Casabindo es un minúsculo pueblo en la Puna de Jujuy que se destaca por su hermosa iglesia, desde cuyo campanario se tiene una espléndida vista de los alrededores. Este notable templo de magnífico diseño —llamado "la catedral de la Puna"— data de, por lo menos, 1772 que es la fecha que lleva una de sus campanas.

Todos los años el 15 de agosto, fiesta de la Asunción de la Virgen María, se realiza en Casabindo, en un rectángulo frente a la iglesia, la tradicional corrida de toros llamada "toreo de la vincha". Ante un numeroso y entusiasta público el torero, papel en el que se alternan varios muchachos, debe arrancar de las astas del animal una vincha con unas monedas de plata.

Bells and scenery. Casabindo is a tiny town in The Puna of Jujuy that outstands because of its beautiful church, its bell tower having a splendid view of the surroundings. This remarkable temple of magnificent design called The cathedral of the Puna dates back to at least 1772 which is the date written on one of its bells.

Every year on August 15th which is the day of the Assumption of the Virgin Mary, a traditional bullfight is held at a rectangle in front of the church. This is called "toreo de la vincha" (bullfight of the headband). Young boys take turns before an enthusiastic public, in being bullfighters to try to take away a headband with silver coins from one of the bulls horn.

Pucará por antonomasia. Pucará significa en quechua tanto como "fortaleza". Pero si en la Argentina se dice pucará, significa casi siempre el pucará de Tilcara. Se trata de un pueblo fortificado construido sobre un morro que se alza en medio del lecho del río Grande de Jujuy. Tilcara está ubicada 81 km al norte de San Salvador de Jujuy, sobre la R.N. 9 asfaltada, a una altitud de 2.500 m. Varios barrios del pueblo fueron reconstruidos desde principios del siglo XX por los arqueólogos Eric Boman y Salvador Debenedetti. Una pirámide trunca en lo alto del morro evoca su memoria. La mayoría de los yacimientos arqueológicos de la Argentina permaneció intacta, sin profanaciones, hasta que los arqueólogos comenzaron sus investigaciones. Un ejemplo en tal sentido son las cestas funerarias cilíndricas del cementerio al pie del pucará de Tilcara. Este reducto está emplazado estratégicamente sobre una colina y es por naturaleza de acceso difícil. En el pueblo de Tilcara un repositorio arqueológico y varios otros museos permiten al visitante formarse una idea de cómo vivieron los pobladores primitivos.

Pucara by antonomasia. *Pucara is the quechua word for fortress but when you say pucara in Argentina you are almost always referring to the pucara of Tilcara. It is a fortified town constructed on a hill that rises in the middle of the bed of the Rio Grande. Tilcara is located 81 km North of San Salvador de Jujuy on the paved route number 9 at an altitude of 2,500 m.*

Various town neighborhoods were reconstruced from the beginning of the 20th century by archaeologists Eric Boman and Salvador Debenedetti. A truncated pyramid at the knolltop evokes their memory.

Most of the archaeological deposits in Argentina remained intact with no profanations until the archaeologists began their investigations. Examples are the cylindrical funeral baskets found in the cemetery at the foot of the Pucara of Tilcara. This fort is strategically placed on a hill and is of difficult access by nature. An archaeologic repository and various other museums allow the visitor to imagine how the primitive population once lived in Tilcara.

Tormentas eléctricas (por año) / *Thunder Storms (per year).*

Días de cielo claro / *Days of clear sky*

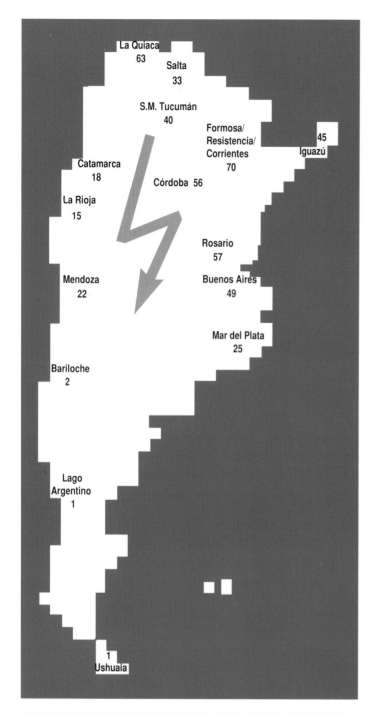

La Quiaca
63

Salta
33

S.M. Tucumán
40

Formosa/
Resistencia/
Corrientes
70

Iguazú 45

Catamarca
18

Córdoba 56

La Rioja
15

Rosario
57

Mendoza
22

Buenos Aires
49

Mar del Plata
25

Bariloche
2

Lago
Argentino
1

1
Ushuaia

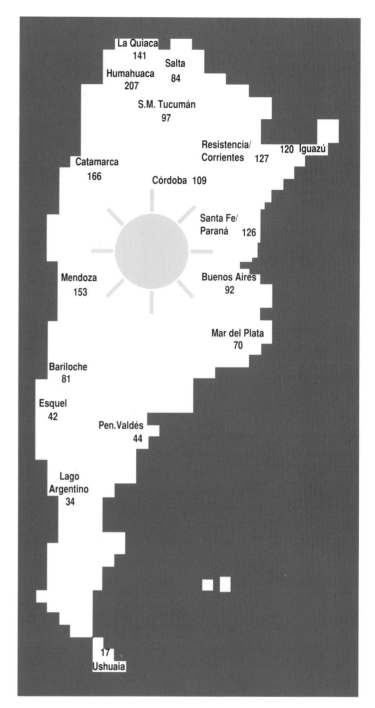

La Quiaca
141

Humahuaca
207

Salta
84

S.M. Tucumán
97

Resistencia/
Corrientes 127

Iguazú 120

Catamarca
166

Córdoba 109

Santa Fe/
Paraná 126

Mendoza
153

Buenos Aires
92

Mar del Plata
70

Bariloche
81

Esquel
42

Pen.Valdés
44

Lago
Argentino
34

17
Ushuaia

Sol durante todo el año. En muchas partes del territorio argentino no pasa un dia sin que brille el sol. Condiciones de hliofanía tan privilegiadas caracterizan vastas extensiones de la Puna, diversas regiones de Catamarca (Andalgalá), San Luis (Merlo) y las travesías cuyanas (San Juan), como también la diminuta Amaicha del Valle (Tucumán), donde seguín las estadísticas hay 360 jornadas de sol por año.

Year round sun. In many parts of the Argentine territory a day does not pass without the sun shining. Such privileged conditions characterize vast extentions of the Puna, different regions of Catamarca (Andalgala), San Luis (Merlo), the Cuyo region as well as the minute Amaicha del Valle (Tucuman) where according to statistics there are 360 sunny days a year.

Heliofanía
(% de horas de sol posibles)

Heliophany
(% of possible hours of sun)

Días con lluvia o nevadas / Days with rain or snow

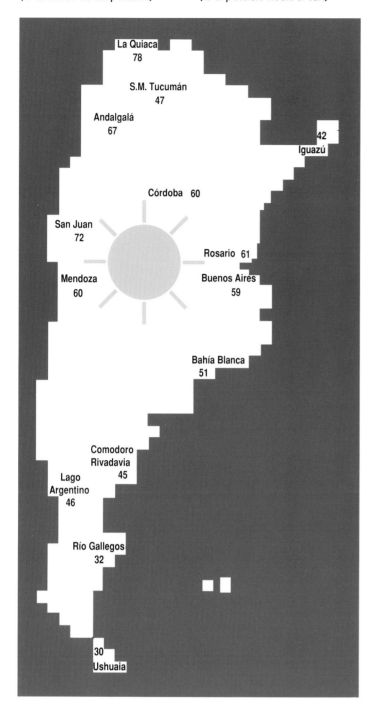

La Quiaca
78

S.M. Tucumán
47

Andalgalá
67

42
Iguazú

Córdoba 60

San Juan
72

Rosario 61

Mendoza
60

Buenos Aires
59

Bahía Blanca
51

Comodoro
Rivadavia
45

Lago
Argentino
46

Río Gallegos
32

30
Ushuaia

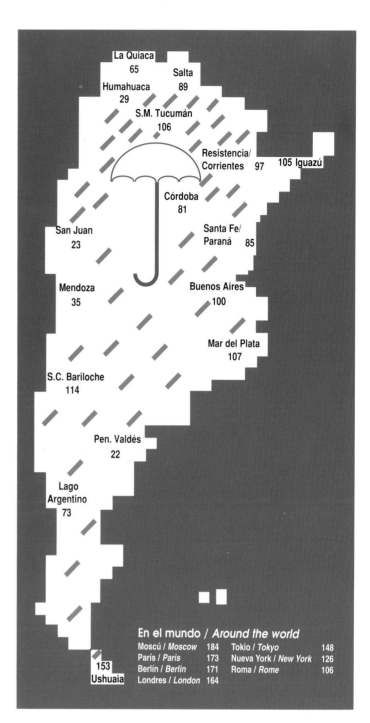

La Quiaca
65   Salta
89

Humahuaca
29

S.M. Tucumán
106

Resistencia/
Corrientes   97   105 Iguazú

Córdoba
81

San Juan
23

Santa Fe/
Paraná   85

Mendoza
35

Buenos Aires
100

Mar del Plata
107

S.C. Bariloche
114

Pen. Valdés
22

Lago
Argentino
73

153
Ushuaia

En el mundo / Around the world

Moscú / *Moscow*	184	Tokio / *Tokyo*	148
París / *Paris*	173	Nueva York / *New York*	126
Berlín / *Berlin*	171	Roma / *Rome*	106
Londres / *London*	164		

Es la incidencia de los rayos solares sobre la tierra, que puede recibir un máximo teórico de 4.383 horas/año (100%). Buenos Aires recibe en promedio 2.575,8 horas, y los valores de algunas otras ciudades son, por ejemplo: Phoenix, 85%: El Cairo, 73%; Miami, 66%; Roma, 53%; Berlín/París, 36%; Londres, 33%; Edimburgo, 31%; Glasgow, 24%.

It is the incidence of the solar rays upon the earth, which can receive a theoretical maximum of 4,383 hours/year (100%). Buenos Aires receives en average of 2,575.8 hours, and the figures in some other cities are for example: Phoenix, 85%; Cairo 73%; Miami, 66%; Rome, 53%; Berlin/Paris 36%; London 33%; Edimburgh, 31%; Glasgow, 24%.

Todos lo climas. La Argentina tiene una variedad de climas muy grande, y a veces pueden coicidir en una misma comarca temples muy disímiles. Como en el caso de esta región de Salta, donde un denso manto de nubes cubre la polícroma quebrada de Escoipe dejando sobresalir apenas unos picos altos, la parte superior de la hermosa cuesta del Obispo y el pintoresco Valle Encantado, inundado por el sol.

All the Climates. Argentina has a great variety of climates, and sometimes even within one same region there is very different weather. Such is the case in the part of Salta where a dense mantle of clouds covers the polychrome ravine of Escoipe allowing only a few high peaks to pass, while in the top portion of the beautiful Cuesta del Obispo (Bishop's solpe), the picturesque Valle Encantado (Enchanted Valley) is full of sun.

Paisaje color de rosa. Las lagunas de altura y también el cielo a menudo tornan color de rosa. La causa de esta mutación transitoria es los millares de flamencos que habitan los espejos lacustres del altiplano. Los flamencos andinos se nutren de pequeños crustáceos que extraen con su pico y cuyo alto contenido de yodo confiere a las elegantes aves su pigmentación particular. En los Andes existen tres raras especies de estas zancudas. Construyen sus nidos de barro y, una vez que los pichones pueden volar, emigran (Foto: Jorge Schulte).

Landscape dressed in pink. The high lagoons and also the sky often turn pink in color because of the transitory mutation of the thousands of flamencos who inhabit the lacustrian mirrors of the Altiplano. The Andean flamencos feed on small crustaceous they extract with their beaks and whose high content of iodine gives these elegant birds their particular coloring. There exist three rare kinds of these wading birds in the Andes. They build their nests out of mud but, once the squabs are able to fly they emigrate (Photo: Jorge Schulte).

La laguna del tesoro. Al este de Humahuaca por una huella precaria, se encuentra a 4.200 m de altura la laguna Leandro. Se pasa primero por el pueblito de Aparzo, con no mucho más que una capilla y algunas casas, para luego ascender hasta el recóndito espejo lacustre.
La leyenda dice que en su fondo yace un tesoro. Aunque la Argentina posee muchísimas otras lagunas y lagunillas, como por caso la del Valle Encantado, en Salta, sin leyenda y sin presunto tesoro pero igualmente incomparablemente bella.

The treasure lake. To the east of Humahuaca through a precarious trail, the Leandro lagoon is found at an altitude of 4,200 m. First you pass the small town of Aparzo, with not much more than a chapel and some houses, to later ascend till the hidden lacustrean mirror.
The legend tells that in the bottom lies a sunken mysterious treasure. Though Argentina has lots of other lagoons, as for example that of Valle Encantado (Enchanted Valley) in Salta province, without any legend of a sunken treasure, yet nevertheless of matchless beauty.

La cultura del cardón. Los indios de la región valliserrana pudieron edificar sus ciudades porque, si bien no crecen árboles de tallo largo en la zona, usaban el tronco del cardón para techar sus viviendas. Esta cactácea llega a una altura de más de seis metros. Aunque su madera no sirve como combustible, sí tiene numerosas aplicaciones prácticas: se la usa para hacer puertas, ventanas o muebles y se emplean hileras de cardones como cerca cuando hay que dividir potreros o demarcar un camino. Cerca de Cachi está en gestación el Parque Nacional Los Cardones (Foto: Jorge Schulte).

The culture of the cardon. The indians in the valley/mountainous region were able to build their cities because although long stemmed trees do not grow in the area they used the bole of the giant Cardon cacti as a roof for their dwellings. This cactus grows to over six meters and though the wood is not good to be used as fuel, it does have numerous practical purposes: It is used to make doors, windows, or furniture and they plant rows of cacti as a divider for pasture grounds or to outline a road. We can find the future National Park of the Cardones near Cachi (Photograph: Jorge Schulte).

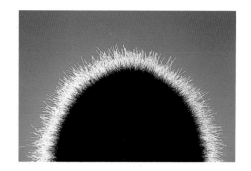

Comarca solitaria. Uno de los territorios más vastos, ignotos y despoblados (un habitante cada 30 km²) es la llamada Puna de Atacama. El paisaje se caracteriza por sus macizos nevados y sus volcanes, salares y extrañas formaciones rocosas que son fruto de la intensa erosión. A la vera del Salar del Hombre Muerto un pequeño cementerio contiene las sepulturas de los mineros que en décadas pasadas trabajaron y fallecieron en la cercana mina de oro Incahuasi, hoy abandonada.

Solitary region. One of the most unknown, vast and unpopulated territories (one inhabitant for every 30 km²) is the so called Puna de Atacama. The scenery is characterized by its snowy mountain ranges, its volcanoes, salt deposits and strange rocky formations that are the result of the intense erosion. A small cemetery containing the remains of the miners that in past decades worked and died in the nearby gold mine Incahuasi (which today is abandoned), is found next to the Salar del Hombre Muerto.

Más que una pizca de sal. En la Puna de Jujuy se encuentran numerosos salares que cubren vastas áreas. Uno de los mayores es Salinas Grandes, cerca de Tres Morros, a 3.700 m sobre el mar. Aquí se practica la extracción del valioso mineral con métodos antiguos y primitivos. Un procedimiento consiste en ablandar la capa superior y cosechar la sal formando montículos para embolsarla. Otra técnica usada es cortar panes de sal con hachas y barretas; estos bloques, destinados al consumo animal, son luego cargados en burritos y transportados al valle. Asimismo se obtiene sal cristalina, muy pura: se cavan piletones que se llenan con agua saturada, lo que conduce a la formación de cristales que son extraídos y destinados al consumo humano.

More than a pinch of salt. In the Puna of Jujuy numerous salt deposits covering vast areas can be found. One of the largest is the Salinas Grandes (great salt lakes) near Tres Morros at 3,700 m above sea level. The valuable mineral is extracted here using old and primitive methods. One procedure consists of softening the top layer and harvesting the salt making mounds to bag it. Another technique used is cutting the salt with axes and crowbars; these blocks destined to animal consumption are then loaded on donkeys and taken to the valley. Likewise crystalline salt is obtained, in a very pure form: basins are dug and filled with saturated water which leads to the formation of the crystals that are later extracted and destined to human consumers.

Los omaguacas. En el extremo septentrional de la quebrada de Humahuaca se encuentra la localidad epónima, antiguo asiento de los indios omaguacas. Sus callecitas estrechas y empedradas confieren a Humahuaca un aire muy particular. La población es dominada por el imponente monumento a la Independencia con un chasqui (correo) llevando la nueva de la libertad. Hay un interesante museo regional de usos y costumbres, y junto a la estación funciona una feria con productos de la quebrada y la Puna. Cada año Humahuaca se transforma en un torbellino durante las fiestas del Carnaval.

The omaguacas. In the septentrional extreme of the Quebrada de Humahuaca you can find its eponymous site, ancient location of the omaguaca indians. Its narrow stone streets give Humahuaca a very particular feeling. The majestic monument to the Independence represented by a messenger chasqui *carrying the news of liberty, outstands in the village. There is an interesting regional museum of customs and behavior and there is a market that sells local regional products next to the station. Every year during the carnival Humahuaca becomes a lively place with whirlwinds of events.*

Siete colores y setenta curvas. El pueblo de Purmamarca es uno de los lugares más bellos de todo el Noroeste, con su antigua iglesia, su cabildo en miniatura y su plaza arbolada, pero sobre todo por su Cerro de Siete Colores, de renombre mundial. Purmamarca—que en quechua significa "aldea de la tierra yerma"—se encuentra en un valle transversal de la quebrada de Humahuaca. Desde el aire se destacan el verde de sus cultivos y la montaña de los tonos rojizos.
El somnoliento pueblo es atravesado por una carretera que poco después comienza a trepar y a serpentear por la cuesta de Lipán.
De elegante y moderno trazado, tiene 70 curvas antes de alcanzar en el Abra Potrerillos una altura de 4.164 m. El camino sigue de aquí a Susques a través de las Salinas Grandes.

Seven colors and seventy bends. The town of Purmamarca is one of the most beautiful places in all of the Northwest, with its ancient church, its miniature town hall, and its main square full of trees, but above all because of its world famous seven color hill. Purmamarca means barren land in Quechua and is found in a transversal valley of the Quebrada de Humahuaca.
From the air you can see the green of its plantations and the mountain in reddish tones.
The dormant town is crossed by a road that soon begins to climb and wind on the slope of Lipan. Its course is modern and has 70 bends before reaching the Abra Potrerillos at an altitude of 4,164 m. The road continues from here to Susques through the Salinas Grandes.

Calendario de lluvias

SALTA

ENERO	FEBRERO	MARZO	ABRIL
168 mm	154 mm	114 mm	29 mm
MAYO	JUNIO	JULIO	AGOSTO
9 mm	3 mm	2 mm	4 mm
SEPTIEMBRE	OCTUBRE	NOVIEMBRE	DICIEMBRE
5 mm	27 mm	63 mm	128 mm

TUCUMÁN

ENERO	FEBRERO	MARZO	ABRIL
202 mm	186 mm	175 mm	63 mm
MAYO	JUNIO	JULIO	AGOSTO
26 mm	15 mm	11 mm	9 mm
SEPTIEMBRE	OCTUBRE	NOVIEMBRE	DICIEMBRE
16 mm	67 mm	110 mm	157 mm

Salta es linda. El lema de la ciudad fundada por Hernando de Lerma es "Salta, la linda", apelativo que realmente merece de día y de noche. Su particular encanto radica tanto en el bello paisaje de los alrededores como en su arquitectura, donde se entreveran lo colonial y lo moderno. La capital provincial ocupa la porción nordeste del amplio valle de Lerma y está situada a 1.200 m sobre el nivel del mar.

Salta is pretty. The slogan of the city founded by Hernando de Lerma in "Salta, the pretty one", name that is truly deserved by night and by day as well. Its particular charm lies in the beautiful surrounding landscape as well as in its architecture where the colonial and the modern combine. The capital of the province occupies the northwestern portion of the ample valley of Lerma and is located 1,200 m above sea level.

La piedra hecha misterio. A nueve kilómetros de la localidad de Humahuaca, hacia el este por un camino sinuoso, se halla el mayor yacimiento arqueológico de la provincia de Jujuy: Coctaca. Este extenso campo de ruinas confronta a los investigadores con un misterio, pues no se sabe a ciencia cierta qué finalidad tenían los extensos muros de piedra. Según algunos, se trata de cuadros de cultivo, aunque se ignora qué cereal u hortaliza se cultivaba aquí para protegerla así del viento. Los numerosos cardones guían al visitante desde lejos, pues dondequiera que en el Noroeste se observe un monte de estas cactáceas se puede estar seguro de que allí vivían indios.

Stony mystery. Nine kilometers from the location of Humahuaca towards the east going through a winding road, the most extensive archaeologic deposit in the province of Jujuy is found: Coctaca. This vast field of ruins confronts the investigators with a great mystery, since it is not scientifically known what was exactly the purpose of such extensive stone walls. According to some it was to protect plantations, although it is not known what type of cereal or vegetables were grown that needed such protection from the wind. The numerous cactuses guide the visitor from a distance and one can be sure that wherever you can find these cacti in the Northwest there once lived indians.

El pueblo fantasma. La Poma fue durante décadas un centro importante para el comercio entre la Argentina y Chile. Se encuentra a 3.000 m de altura, sobre la R.N. 40, en el valle Calchaquí superior. En 1930 un fuerte terremoto destruyó el pueblo, causando muchas víctimas. Las casas derribadas no se reedificaron, y las viviendas que quedaron en pie fueron apuntaladas. Por encima de esta aldea fantasma, casi despoblada, la vista de los escasos visitantes alcanza a ver al norte del nevado de Acay. Las calles están casi desiertas, y las campanas de la capilla que se desplomaron del campanario ahora cuelgan en una improvisada espadaña. A un millar de pasos de Poma, La Vieja, se construyó el actual pueblo de La Poma, que incluso cuenta con una pequeña hostería. El panorama es de una belleza sobrecogedora. El nombre de la localidad deriva de puma, el gran felino americano que abunda en la región
(Foto: Focus/Carlos Passera).

The ghost town. La Poma was for decades an important center for commerce between Argentina and Chile. It is found at a height of 3,000 m on the national route 40 in the superior Calchaqui valley. In 1930 a strong earthquake destroyed the town causing many victims. The houses knocked down were not rebuilt and the dwellings that were left standing had to be propped up. Over this almost deserted ghost town, the scarce visitors that might arrive are able to see north till the snowy Acay. The streets are almost deserted, and the chapel bells that fell from the bell tower now hang in an improvised gable. A thousand steps South the present town of La Poma was built. The view is surprisingly beautiful. The name of this location is taken from puma, the great american feline that is abundant in the region (Photo: Focus/Carlos Passera).

Una talla magistral. En la Catedral de San Salvador de Jujuy se puede admirar el magnífico púlpito, dorado, realizado por artesanos indígenas bajo la dirección de frailes europeos. Este notable exponente del barroco colonial data del siglo XVII y está hecho de madera de ñandubay. Los motivos representan diversas escenas de las Sagradas Escrituras: junto a la baranda está la escala de Jacob, y alrededor de la caja, los cuatro Evangelistas; sobre el techo, el Angel de la Resurrección; y en la pared, un cuadro de madera con el árbol genealógico de Adán y Salomón y la genealogía de Adán a Jesús.

A masterly carving. At the Cathedral of San Salvador de Jujuy one can admire the magnificent golden pulpit made by native indian craftsmen under the supervision of European monks. This outstanding colonial baroque exponent dates back to the 17th century and is made of ñandubay wood. The motifs represent different scenes from the Sacred Scriptures: Next to the banister is Jacob's ladder, surrounding the staircase are the four Evangelists; on the ceiling is the Angel of Resurrection and on the wall a wooden picture of the family tree belonging to Adam and Salomon and the genealogy from Adam to Jesus.

El poncho de Güemes. En ciertos enclaves de la región valliserrana hábiles hilanderas y tejedores confeccionan hermosos ponchos a la manera ancestral, en telares rústicos, siendo la anilina para teñir el único elemento moderno que se emplea. Los ponchos rojos con franja negra son llamados de Güemes en homenaje al prócer salteño. Este tejedor trabaja en el caserío de Colte, cerca de Seclantás en el valle Calchaquí medio, bajo una enramada que lo protege de los rayos del sol.

The "Güemes poncho". In certain enclaves within the valley/mountainous region you can find talented spinsters and weavers who make beautiful ponchos. This is done in an ancestral way with rustic weaving looms, and anilline dye being the only modern element they use. The red ponchos with a black band are called Güemes in honor of the Salta leader. This weaver works in the hamlet of Colte, near Seclantas in the middle valley of Calchaqui under a group of branches that protect him from the sun.

Tradiciones que sobreviven. Los aborígenes que poblaban el Noroeste antes de la llegada de los conquistadores eran hábiles alfareros. Esta tradición sobrevive hasta el presente en muchas partes, como en Cafayate, donde la familia Cristófani produce estas hermosas vasijas, que son primero moldeadas y luego cocinadas en un horno en el que permanecen tres días expuestas a altas temperaturas, hasta convertirse en terracota poco menos que irrompible.

Traditions that survive. The native indians that lived in the Northwest before the arrival of the conquerors were skillful potters. This tradition survives to this day in many parts like in Cafayate, where the Cristofani family produces these artistic pieces, which are first molded and then baked in an oven for three days, at very high temperatures until it becomes a practically unbreakable terracota.

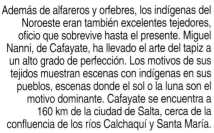

Además de alfareros y orfebres, los indígenas del Noroeste eran también excelentes tejedores, oficio que sobrevive hasta el presente. Miguel Nanni, de Cafayate, ha llevado el arte del tapiz a un alto grado de perfección. Los motivos de sus tejidos muestran escenas con indígenas en sus pueblos, escenas donde el sol o la luna son el motivo dominante. Cafayate se encuentra a 160 km de la ciudad de Salta, cerca de la confluencia de los ríos Calchaquí y Santa María.

Besides the potters and the jewelers, the natives of the Northwest were also excellent weavers, a trade which still survives. Miguel Nanni, from Cafayate has taken the art of tapestry to a high level of perfection. The motifs on the things he weaves show scenes with natives in their towns, and pictures where the sun or the moon are the dominant theme. Cafayate is found 160 km from the city of Salta near the confluence of the rivers Calchaqui and Santa Maria.

De un cuento de hadas. Iruya es un diminuto pueblo en un estrecho valle transversal de la Sierra de Zenta, a 2.713 m de altura. Se tiene acceso a la localidad solamente por la Puna rasa, desde Humahuaca e Iturbe. Antiguamente Iruya era un lugar donde pernoctaban las caravanas de mulas, burros y llamas que transitaban con mercaderías de Orán al altiplano y viceversa. Nadie sabe cuándo fue fundada. Alejada de la civilización, es un verdadero oasis con un particular encanto. El viajero que llega advierte ya desde lejos la iglesia blanca que se eleva sobre un espolón que da sobre el río Iruya. La muy colorida —y muy concurrida— fiesta patronal se lleva a cabo a principios de octubre de todos los años.

From a fairytale. Iruya is a minute town in a narrow transversal valley of the Sierra de Zenta at a height of 2,713 m. You can access this spot only by the plateau of the Puna, from Humahuaca and Iturbe. In the past Iruya was a place where caravans of mules, donkeys, and llamas that transported merchandise to and from Oran and the Altiplano spent the night. None knows when it was founded. Far from civilization, it is a true oasis with a particular charm. There is a white elevated church looking onto the Iruya river which any traveler can see from afar. Every year at the beginning of October there is a very colorful patronal festival to which many people attend.

Caprichos de la naturaleza. El valle Calchaquí es una verdadera caja de Pandora en cuanto a curiosidades de la naturaleza. Un ejemplo es la laguna Brealito, de color turquesa, situada cerca de Seclantás en el valle Calchaquí medio. En las aguas de la laguna se reflejan las nieves eternas del majestuoso nevado de Cachi.

Whims of nature. The valley of Calchaqui is a true Pandora's box when you consider the wonders of nature. An example is the Brealito lagoon, located near the Seclantas in the mid valley of Calchaquí, turquoise in color, of original beauty. It reflects in its waters the everlasting snow of the majestic nevado de Cachi.

El llamado calendario lunar de Tastil ocupa un sitio particular dentro del arte rupestre. Se trata de un petroglifo donde aparecen tres círculos concéntricos con una treintena de líneas radiales. ¿Es esto una mera casualidad teniendo en cuenta que el período mensual sinódico de Selene es de 29,5 días? Es indudable que los aborígenes conocían los principios de la astronomía, pero ¿también sabían plasmar sus conocimientos en la piedra?

The so called lunar calendar at Tastil has its own place within rupestrian art. It is a petroglyph which has three concentric circles with thirty radial lines. Is it a mere coincidence considering that the Selene synodic monthly period is 29,5 days? It is without a doubt that the aborigines knew the principles of astronomy, but did they also know how to leave their knowledge in stone?

Urbanización prehispánica. Tastil es un extenso yacimiento arqueológico en la quebrada del Toro, Salta. Está situado a 3.100 m de altura sobre la R.N. 51 que conduce a San Antonio de los Cobres. La ciudad precolombina, a 106 km de la ciudad capital, estuvo poblada por unas 2.200 almas que se dedicaban preferentemente al pastoreo y el comercio entre la Puna y los llanos. Posee cinco plazas, pero no tiene calles, por lo que se presume que los habitantes caminaban sobre las anchas paredes para entrar desde arriba en sus viviendas. Tastil fue reconstruida entre 1965 y 1971 por un grupo interdisciplinario dirigido por el arqueólogo Eduardo M. Cigliano.

Prehispanic urbanization. Tastil is an extensive archaeologic deposit in the Quebrada del Toro, in the province of Salta. It is located 3,100 m high above the national route number 51 which takes you to San Antonio de los Cobres. The pre Columbian city, 106 km from the city capital, was populated by some 2,200 people who preferably were dedicated to pasturage and to the trade between the summit of the Puna and the plains. It posseses 5 squares but no streets by which we presume that the inhabitants walked along de wide walls to get into their dwellings from up there. Tastil was reconstructed between the years 1965 and 1971 by an interdisciplinary group directed by the archaelogist Eduardo M. Cigliano.

No en vano la Argentina lleva el nombre de uno de
los metales más preciosos, pues la plata, al igual
que el oro, abundaban a la llegada de los
españoles. Muchas iglesias y capillas del Noroeste,
como por caso las de Humahuaca (abajo)
y la de Yavi, tienen el retablo, el púlpito
y otras instalaciones totalmente cubiertas
de laminillas de oro.

*Not in vain Argentina carries the name it was
christened with: the Silver Land. Silver, as well as
gold, were abundant when the Spaniards arrived.
Many old chapels and churches in the Northwest
have altars covered with gold, like those at
Humahuaca (bottom) and Yavi.*

El valle sagrado de los indios. En la unión del macizo del Aconquija y las Cumbres Calchaquíes, Tucumán, se encuentra a 2.000 m de altura la villa veraniega de Tafí del Valle. Esta amplia hondonada, de unos 100 km², es dominada por el cerro Ñuñorco, que aparece como telón de fondo detrás de la hoyada de Tafí (toma con película color infrarroja para dar realce a los círculos de piedra que los indios construyeron con fines propiciatorios). Otros testimonios de los aborígenes, para quienes Tafí era un valle sagrado, son las espirales de piedras para celebraciones rituales y los grandes menhires que pueblan la comarca. Estos dólmenes eran ídolos que se usaban tanto en la casa como en el campo (Foto: Juan E. Baumann).

En homenaje a los aborígenes que habitaron la región se erigió en 1943 una estatua que evoca al indio Calchaquí. Esta escultura se encuentra en el hermoso camino que conduce de San Miguel de Tucumán a través de la quebrada de los Sosas hasta Tafí del Valle, que dista de la capital provincial un centenar de kilómetros. La misma ruta continúa después y permite al viajero llegar a Santa María (Catamarca) y a Cafayate (Salta).

The sacred valley of the indians. At the union between the Aconquija and the crests of the Calchaquies mountains, in the province of Tucuman, there is a summer town at an altitude of 2,000 m called Tafí del Valle. This ample dell of about 100 km2 is named after the hill Ñuñorco that appears as a background behind the Tafi valley (shot taken with infrared film to exalt the stone circles built by the indians for propitiatory purposes). Other testimonies from the aborigenes for whom Tafi was a sacred valley, are the spirals of stones used to celebrate rituals and the great menhires that are found in the area. These dolmens were idols standing in the home and on the farm.

In honor of the aborigenes that lived in the region a statue was built in 1943 that evokes the Calchaqui indian. This sculpture is found in the beautiful path that leads from San Miguel de Tucuman through the ravine of the Sosas up to Tafi del Valle, which is at a distance of 100 km from the capital of the province. The same road further continues and allows the traveler to get to Santa Maria in Catamarca as well as Cafayate in Salta (Photo: Juan E. Baumann).

El "Jardín de la República". La geografía de Tucumán —la más pequeña de las provincias argentinas— es sumamente variada, como lo son también su fauna y su flora. En el macizo del Aconquija, compartido con Catamarca, Tucumán llega en la cumbre del cerro de El Bolsón a una altura de 5.550 m. Esta cadena montañosa es la que retiene el aire húmedo y las nubes procedentes de la llanura chacosantiagueña, creando así el clima subtropical de su territorio. Una de las realizaciones más nobles que ofrece la provincia es el viaducto Saladillo, con acceso desde la R.N. 9 a la altura del desvío a El Cadillal. La ciclópea obra de ladrillos realizada en 1884 para el ferrocarril, a pesar de no utilizarse ya, se mantiene incólume en medio de una frondosa vegetación.

The Garden of the Republic. The geography of the smallest of the Argentine Provinces, Tucuman, varies greatly as does its fauna and flora. In the Aconquija massif, shared by Catamarca and Tucuman reaches at the top of El Bolson a height of 5,500 m. This mountainous chain is what retains the damp air and clouds that come from the plains of the provinces Chaco and Santiago, and thus creates the subtropical climate of its territory. One of the most notable realizations that this province has is the Saladillo viaduct with access from the national road 9 at the crossroad to El Cadillal. The cyclopean brick work built in 1884 for the railroad, although no longer in use, stands whole and unharmed amidst the lush vegetation.

Entre los lugares dignos de ser visitados en San Miguel de Tucumán figuran la Casa de la Independencia y, en la plaza principal, la estatua de la Libertad rompiendo las cadenas, creada por la escultora Lola Mora. Los ingenios, museos, hermosas mansiones y villas veraniegas cercanas la convierten en punto de partida ideal para excursiones. La ciudad de Tucumán, a 500 m sobre el mar y a 1.300 km de Buenos Aires, es además el centro industrial y comercial más importante del Noroeste.

Among the places worth visiting in San Miguel de Tucuman are the House of the Independence and, in the main square, the statue of Liberty breaking away the chains, which was created by the sculptress Lola Mora. The nearby sugar mills, museums, beautiful mansions and summer resorts make it an ideal starting point for many tours. The city of Tucuman, at 500 m above sea level and 1,300 km from Buenos Aires, is also the most important North western industrial and commercial center.

Un inolvidable viaje en tren. Entre la estación Salta y el Km 1.350 (Viaducto Polvorilla) del ramal C 14 correspondiente al F.C. Belgrano, con trocha de un metro, se ofrece en otoño, invierno y primavera un servicio turístico llamado Tren a las Nubes. La línea férrea atraviesa primero la campiña del valle de Lerma, se introduce luego en la imponente quebrada del Toro y trepa en amplios faldeos hasta la Puna rasa. El recorrido de 218 km —y otro tanto de regreso— se desarrolla por un trazado construido entre 1921 y 1948, destinado a unir por ferrocarril las ciudades de Salta y Antofagasta, sobre el Pacífico, con una extensión total de 901 km.

El punto –y momento— culminante de todo viaje con el Tren a las Nubes es cuando el convoy pasa sobre el gigantesco viaducto de acero llamado La Polvorilla. Aquí las vías corren a 4.200 m sobre el mar. El tren se detiene junto al puente para luego emprender el retorno a Salta. La pila central que sostiene el puente tiene una altura de 63 m, y la longitud total del tablero es de 224 m. El servicio turístico se brinda los sábados, pero en las vacaciones de invierno el tren sale hasta tres veces por semana. Un viaje a bordo de los cómodos coches Pullman —hay también un vagón comedor— es una vivencia inolvidable y culminación casi obligada de cualquier viaje por el Noroeste.

An unforgetable ride by train. Between the Salta station and the kilometer number 1,350 ("Viaducto Polvorilla") of the C14 line belonging to the F.C. Belgrano, with a track of one meter, there is a tourist rail service offered in fall, winter and spring called The Train to the Clouds. This railway first crosses the countryside of the valley of Lerma, then it introduces itself in the majestic Quebrada del Toro and climbs the ample foothills to the desolate Puna. The trip is 218 km one way and another 218 to return and it runs on a course constructed between the years 1921 and 1948, destined to connect by railway the cities of Salta and Antofagasta, on the Pacific ocean, with a total distance of 901 km.

The culminating point and moment of the trip with the Train to the Clouds is when the convoy passes over the gigantic steel viaduct called La Polvorilla. Here the tracks run at 4,200 m above the sea. The train stops next to the bridge and then begins the ride back to Salta. The central pillar supporting the 224 m long bridge is 63 m high. The tourist service is given on Saturdays but during winter recess the train operates up to three times a week. A trip aboard the comfortable first class cars —there is also a dining car— in an unforgettable experience and practically a mandatory culmination to any trip to the Northeast.

Parques Nacionales

National Parks

La República Argentina posee al presente 27 Parques Nacionales establecidos, y algunos otros en trámite de ser incorporados como tales al patrimonio público. Pero además existen más de 200 Reservas Nacionales, Monumentos Naturales (existentes o en proyecto), Reservas y Parques Provinciales, Reservas Integrales, Reservas Zoológicas y Faunísticas y Reservas Botánicas y Forestales. El mapa señala los Parques Nacionales existentes y su ubicación.

The Argentine Republic possesses to date 27 established National Parks, and others are in the process of being incorporated as such to the public patrimony. But there are also more than 200 national reservatious, natural monuments (existing or in project), Provincial parks and reserves, integral, zoologic and Faunal reserves and Botanical and Forest Reserves. The map shows the existing National parks and their location.

El paraje Cresta del Gallo del P.N. Calilegua, con selva subtropical al igual que sus similares, Baritú y El Rey.
Lago Puelo es una de las reservas más encantadoras con que cuenta Parques Nacionales. Tiene acceso por la localidad de Esquel, Chubut.
El glaciar Perito Moreno, llamado también ventisquero, ofrece un espectáculo sobrecogedor cuando cada tantos años se quiebra el hielo por la presión del agua embalsada.

The Cresta del Gallo (Rooster's crest) is part of the National park of Calilegua, with a subtropical forest similar to its resembling Baritu and El Rey. Lago Puelo is one of the most enchanting reservoirs among the National Parks. It has access through Esquel in the province of Chubut. The glacier Perito Moreno, also called ventisquero" offers a surprising show when every some years the ice breaks due to the pressure of the dammed up water.

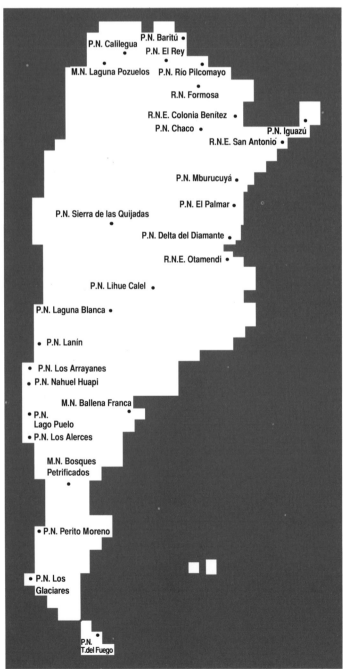

P.N. Calilegua
P.N. Baritú
P.N. El Rey
M.N. Laguna Pozuelos
P.N. Río Pilcomayo
R.N. Formosa
R.N.E. Colonia Benítez
P.N. Chaco
P.N. Iguazú
R.N.E. San Antonio
P.N. Mburucuyá
P.N. El Palmar
P.N. Sierra de las Quijadas
P.N. Delta del Diamante
R.N.E. Otamendi
P.N. Lihue Calel
P.N. Laguna Blanca
P.N. Lanín
P.N. Los Arrayanes
P.N. Nahuel Huapi
M.N. Ballena Franca
P.N. Lago Puelo
P.N. Los Alerces
M.N. Bosques Petrificados
P.N. Perito Moreno
P.N. Los Glaciares
P.N. T.del Fuego

PN: Parque Nacional / *National Park;* RN: Reserva Natural / *Natural Reserve;* RNE: Reserva Natural Estricta / *Strict Natural Reserve;* MN: Monumento Natural / *Natural Monument.*

El P.N. Finca El Rey es un exponente típico de la foresta de Orán o Nuboselva, ideal para descansar. Tiene acceso desde la ciudad de Metán, Salta.

Los Alerces es un exponente característico de los parques nacionales australes con una mezcla de montañas, bosques y lagos cristalinos y, ocasionalmente, alguna cascada.

El P.N. El Palmar, próximo a la ciudad de Colón, Entre Ríos, es un extenso bosque de palmeras yatay recostado sobre el río Uruguay.

The National Park of Finca del Rey is a typical exponent of the type of forest in Oran, ideal places to rest. You can arrive from the city of Metan in the province of Salta.

The Alerces is characteristic of the austral national parks with a combination of mountains, forests, crystal lakes and ocasionally even a cascade.

The National Park of El Palmar, near the city of Colon, in the province of Entre Rios, is an extensive forest of Yatay palm trees that lies on the Uruguay river.

Paradigma de planificación urbana. De todas las ciudades indígenas de la región valliserrana, Quilmes es el ejemplo más destacado. Lo que sorprende en este importante conglomerado urbano situado en la parte septentrional del valle Santa María, en el Km 1.000 de la R.N. 40, es que no nació por generación espontánea sino que es producto de un diseño arquitectónico acabado. Dentro de un hemiciclo flanqueado por cerros fortificados, se encuentra la ciudad principal que alguna vez fue habitada por quizás 2.500 moradores. El visitante puede contemplar los testimonios de los antiguos Quilmes en un museo de sitio. Una confitería, un hotel, un restaurante y un salón de venta de artículos regionales completan el complejo arqueológico, que se halla en territorio tucumano.

Paradigm of urban planning. Of all the indian towns in the mountainous/valley region Quilmes is the most outstanding example.
What is most surprising is the arquitecture of this indian town located in the septentrional part of the Santa Maria valley in the Km 1,000 of the national route 40.
This conglomeration was not generated spontaneously, it is a product of architectural design. The main city which once was inhabited by perhaps 2,500 occupants is found within a hemicycle flanked by fortified hills.
The visitor may contemplate artifacts of the ancient Quilmes in a local museum.
Completing this archaeological complex in the territory of Tucuman is a hotel, a restaurant, snack bar and regional souvenir shop.

Nordeste y Mesopotamia

Northeast and Mesopotamia

El Nordeste y la Mesopotamia comprenden las provincias de Chaco, Formosa, Santa Fe, Misiones, Corrientes y Entre Ríos, es decir un territorio esencialmente llano. Aunque no tanto: en particular Corrientes y Entre Ríos están divididas a lo largo de su eje norte-sur por unas ondulaciones que son el remanente, no del todo erosionado aún, de un antiguo macizo montañoso y confieren a estas peniplanicies su carácter peculiar.

Ocupadas en tiempos prehispánicos por nativos trashumantes, esas tierras fueron ocupadas en fecha relativamente reciente por sus pobladores actuales, europeos en su casi totalidad. Esta circunstancia dio al Nordeste y a la Mesopotamia también su propio patrón cultural, que queda reflejado tanto en los usos como en la música.

El atractivo más importante de esta región es desde luego las cataratas del Iguazú, con todo lo que las rodea. Pero no menos visitantes se sienten atraídos hoy día por los extensos Esteros del Iberá, que ofrecen al hombre una apabullante variedad de fauna acuática. El majestuoso Paraná, antes de unirse al Paraguay cerca de Resistencia y Corrientes, brilla con ese colosal monumento de la técnica que es la represa hidroeléctrica Yaciretá. No se puede obviar tampoco las ruinas jesuíticas, rescatadas de la selva cuando pareció que ya nada podía salvarse. Todo el año es apto para recorrer este escenario gracias a sus buenas carreteras y comunicaciones aéreas y la excelente infraestructura hotelera, que permite alojarse aun en la época de canícula tropical en hoteles de ambientes climatizados.

Aunque en el aspecto arqueológico los testimonios visibles no resisten comparación con los importantes yacimientos del Noroeste, para el antropólogo resulta interesante que en diversas comunidades sobreviven numerosas tribus indígenas: desde los mbyá en la foresta misionera hasta los tobas, matacos y descendientes de otras parcialidades que pululan en el Chaco Gualamba al amparo del meandroso curso de los ríos Pilcomayo y Bermejo.

The Northeast region and Mesopotamia comprise the provinces of Chaco, Formosa, Santa Fe, Misiones, Corrientes and Entre Ríos, that is to say, basically plains. However, Corrientes and Entre Ríos are divided along their North South axis by a series of ondulations, remainder of an ancient mountain range not completely eroded, which grant a peculiar characteristic to these peneplains.

In prehispanic days, this land was inhabited by nomad natives, and lately, it was occupied by their present population, mostly Europeans. Thus the Northeast and Mesopotamia enjoy a unique cultural trait revealed both by their practices and their music.

The principal attraction of the region, are, naturally, the Iguazu Falls and their surroundings. However, at present, visitors also are lured by the vast marshes of Ibera offering a surprising variety of aquatic animal life. The majestic Parana River, before joining the Paraguay River close to Resistencia and Corrientes, glitters with a fantastic monument to technics, the Yacireta hydroelectric dam. The Jesuitic ruins, recovered from the jungle when they seemed already lost, should not be skipped either.

Touring this landscape can be done year-round due to good roads and prompt flight schedules as well as the excellent hotels available that allow air conditioned accomodations during the hot, tropical summer weather.

Although on the archaeological side, the visible traces cannot be compared to the important Northwestern sites, it is interesting for anthropologists to find out that there are still representatives of different indian tribes living in the area; from the mbya in the forest of Misiones to the Tobas, Matacos and descendants of other small groups in the Chaco Gualamba close to the winding Pilcomayo and Bermejo rivers.

Las aguas grandes. El límite internacional entre Argentina y Brasil corre por la parte más profunda del lecho, llamado Talweg. Unos 20 km aguas abajo de la Garganta del Diablo, el Iguazú se reúne con el Paraná en el punto trifinio donde se enfrentan las orillas de Argentina, Brasil y Paraguay (Tres Fronteras). Iguazú significa "agua grande" en idioma guaraní. Las cataratas fueron descubiertas por Alvar Núñez Cabeza de Vaca a comienzos de 1542. En sus *Commentarios* escribe: "El río (da) un salto por unas peñas abajo muy altas, y da el agua en lo bajo de la tierra tan grande golpe que de lejos se oye; y la espuma sube en alto dos lanzas o más". Alvar Núñez las bautizó salto de Santa María. El módulo del río es de 1.700 m³ por segundo como promedio. Cuando baja mucha agua, se unen las diferentes cascadas para formar cataratas anchas, razón por la cual el número de saltos, unos 275 en tiempos normales, es muy variable.

The great waters. The international boundary between Argentina and Brazil passes through the deepest part of the riverbed called Talweg. Some 20 km downriver the Garganta del Diablo, the Iguazu unites with the Parana in the point where the three territorial divisions of Argentina, Brasil and Paraguay meet (Tres Fronteras). Iguazu means "great water" in the Guarani language. The falls were discovered by Alvar Nuñez Cabeza de Vaca in early 1542. In his memories he writes: "The river takes a great leap over very high boulders below and when it falls, hits so hard on the earth that it is heard from afar, and the foam rises in height two lances or more". Alvar Nuñez christened them as Salto de Santa Maria (The Santa Maria Falls). The average module of the river is 1,700 m³ per second. With high water, the different cascades merge into wider waterfalls. It is for this reason the number of falls that usually come to some 275 varies greatly according to the volume.

Desde la orilla argentina se tiene una espléndida vista del cañón que nace en la Garganta del Diablo. La diferencia de altura que vencen las aguas es de unos 70 m. Numerosas sendas y pasarelas permiten acercarse a las diferentes cascadas, e incluso es posible trasladarse en bote a la isla San Martín. Las cataratas del Iguazú son consideradas con justa razón una de las maravillas más notables de la naturaleza.

From the Argentine banks there is a splendid view of the canyon that begins at the Garganta del Diablo. The difference in height that break the waters is about 70 m. Numerous footpaths and passageways allow you to get near the different cascades and it is even possible to travel by boat to the San Martin island. The Iguazu falls are considered with just cause, one of the most outstanding wonders of nature.

El pantanal argentino. Los Esteros del Iberá son un extenso pantanal de unos 80 km de ancho promedio, por 200 km de largo y una superficie total de 16.000 km², que atraviesa la provincia de Corrientes en dirección nordeste-sudoeste. Este inmenso cenagal salpicado de lagunillas es en realidad el remanente del antiguo curso del Paraná. En su interior se ha desarrollado una variada y numerosa avifauna. El mejor acceso a la Laguna Iberá, sita en el corazón de los esteros, es por la R.P. 40 desde la ciudad de Mercedes hasta Colonia Pellegrini. Los pantanos son hábitat de muchas especies de peces, anfibios, mamíferos y aves. Dos exponentes típicos de esta riqueza son el biguá, un ave acuática palmípeda, hasta el carpincho, considerado el más grande de los roedores existentes (Fotos: Jorge Schulte).

*The Argentine swampland. The Esteros del Ibera are extensive swamplands with an average width of 80 km by a length of 200 km and a total area of 16,000 km². They cross the province of Corrientes from northeast to southeast direction. This enormous quagmire splashed with small lagoons is really the residue of the old course of the Parana. In it, a numerous and varied bird and fauna has developed. The best access to the Ibera lagoon found in the heart of the marshy lands, is from the city of Mercedes to Colonia Pellegrini.
The swamplands are a habitat to many species of fish, amphibian, mammals and birds. Two typical exponents of this wealth is the bigua, an aquatic webfooted fowl, and the carpincho, considered the greatest rodent in existence (Photo: Jorge Schulte).*

Una extensa reserva natural. Los Esteros del Iberá constituyen por su extensión y difícil acceso una de las últimas reservas naturales del mundo para una variada fauna. Un representante característico y frecuente de los pantanos y las lagunas es el yacaré negro, de la familia de los caimanes. Los animales adultos alcanzan un largo de hasta tres metros. Una vegetación peculiar confiere un marco adecuado a este paraíso animal.
Uno de los habitantes de los pastizales del Iberá es el venado de las pampas que aparece en la foto, aunque sólo en rebaños pequeños; el ciervo de los pantanos en cambio es más frecuente (Fotos: Carlos Passera).

A vast natural reserve. The Esteros del Ibera constitute, because of its extension and difficult access, one of the last natural reserves in the world for varied fauna. Characteristic and frequent representative of the swamps and lagoons is the black yacare, belonging to the caiman family. The adult animal can get to be up to three meters long. A peculiar vegetation offers a perfect setting to this animal paradise.
One of the inhabitants of the Ibera pastures is the deer of the pampas shown in the photograph, although they are found only in small flocks; the swamp deer is much more common (Photos: Carlos Passera).

Reducciones, doctrinas y misiones. Los jesuitas llegaron de Europa a principios del siglo XVII y establecieron en lo que hoy es el Paraguay y las provincias argentinas de Misiones y Corrientes, además de Córdoba, numerosas estancias y doctrinas. Allí se educaba a los indígenas, y con su ayuda construyeron las magníficas misiones cuyos restos en parte perduran allí donde los *bandeirantes* portugueses (cazadores de esclavos) no lograron destruirlas del todo.

Doctrines, missions and reducciones. The Jesuits arrived from Europe at the beginning of the 17th century and established in what is today Paraguay and the Argentine provinces of Missiones, Corrientes and Cordoba numerous ranches and doctrines. The indians were educated there and with their help the magnificent missions were built. There are still lasting remains in the places where the portuguese bandeirantes (slave hunters) were not able to completely destroy them.

Higueras trepadoras y una impetuosa flora selvática han cubierto, y en gran parte destruido, lo que quedó de los edificios de las reducciones después de ser abandonados. Son Ignacio Miní y Santa Ana, ambas situadas
50 km al este de Posadas sobre la R.N. 12, son dos de los exponentes mejor preservados. En Santa María la Mayor se publicó el primer libro impreso en el actual territorio argentino.

Climbing fig vines and impetuous jungle flora have covered, and to a great extent destroyed, what remained of the buildings of reducciones (the indian conversion settlements) after being abandoned. San Ignacio Mini and Santa Ana, both located 50 km east of Posadas on route number 12 are the two best preserved exponents. It is in Santa Maria la Mayor that the first printed book was published in what is now the Argentine territory.

Los dólmenes del diablo. En medio de la inoteable planicie ondulante de Corrientes se encuentra Itá Pucú. Es un conjunto de formaciones rocosas como torres cilíndricas que, por resultar tan extraña su presencia en esta comarca, ha dado origen a muchas supersticiones. Según algunas versiones las piedras "crecen", lo que naturalmente no es verdad. Lo que en cambio sí es cierto es que se trata de afloraciones visibles de una antigua cadena montañosa ya erosionada. La mayor altura de las rocas es de unos diez metros. Se llega a Itá Pucú (que significa "piedra larga" en guaraní) por un camino de tierra de 25 km que sale de la ciudad de Mercedes, Corrientes (Fotos: Jorge Rampone).

The devil's dolmen. Amidst the undulating plain of the province of Corrientes is the Ita Pucu. It is a set of rocky formations that look like cylinder towers, and being that its presence in that region is very strange, it has originated many superstitions. According to some versions the rocks "grow" which naturally is not true. What is true however is that it is the exposure of an ancient chain of eroded mountains. The highest altitude of the rocks is about 10 meters. You can get to Ita Pucu (which means long rock in Guarani) by a dirt road 25 km long which begins in the city of Mercedes, Corrientes (Photos: Jorge Rampone).

Calendario de lluvias

ENERO	FEBRERO	MARZO	ABRIL
168 mm	130 mm	153 mm	146 mm
MAYO	JUNIO	JULIO	AGOSTO
150 mm	138 mm	90 mm	93 mm
SEPTIEMBRE	OCTUBRE	NOVIEMBRE	DICIEMBRE
156 mm	216 mm	125 mm	140 mm

ENERO	FEBRERO	MARZO	ABRIL
132 mm	110 mm	157 mm	92 mm
MAYO	JUNIO	JULIO	AGOSTO
48 mm	36 mm	33 mm	69 mm
SEPTIEMBRE	OCTUBRE	NOVIEMBRE	DICIEMBRE
54 mm	104 mm	118 mm	100 mm

Un palacio museo. A 30 km de Concepción del Uruguay, provincia de Entre Ríos, se halla en plena campiña el Palacio San José, hoy museo y monumento histórico. Este notable conjunto arquitectónico fue construido por el entonces gobernador entrerriano, Justo José de Urquiza, entre 1848 y 1858 como casco residencial de sus extensas estancias. Estaba dotado de las más refinadas comodidades de la época y convoca al presente millares de visitantes.

A museum palace. Thirty kilometers from Concepcion del Uruguay, in the province of Entre Rios, the Palace of San Jose can be found in the middle of the countryside. Today it is a historical monument and a museum. This noteworthy architectural edification was constructed by the governor of Entre Rios in office, Justo Jose de Urquiza, between 1848 and 1858 as main house to its vast cattle ranches. It was equipped with the most refined facilities of the time and is presently visited by thousands of people.

El cementerio de los meteoritos. En el límite de las provincias Santiago del Estero y Chaco, próximo a la localidad de Gancedo, existe un vasto campo de cráteres formados por un gran meteorito que ingresó en la atmósfera terrestre, hace tal vez 5.000 años, y estalló en unos 30 grandes trozos. La elipse de cráteres así formada se llama Campo del Cielo. El objeto más voluminoso exhumado hasta ahora, y que se conserva sobre durmientes de ferrocarril junto al agujero de donde se lo extrajo, se llama precisamente El Chaco. Este visitante cósmico pesa 37 toneladas. Un análisis de su material, al cortarlo, muestra que está compuesto de hierro, níquel, cromo y otros metales.

The meteorite cementery. In the border of the provinces of Santiago del Estero and Chaco in the vicinity of Gancedo, there is a vast field of craters formed by a great meteorite.
The meteorite entered the terrestrial atmosphere perhaps 5000 years ago and burst into 30 large pieces. The crater ellipse thus formed carries the name of Campo del Cielo. The most voluminous object dug up to date, which is conserved on railroad crossbeams next to the hole from where it was taken, is called El Chaco.
This cosmic visitor weighs 37 tons.
By analizing the material when it was cut, it was seen that it is made of iron, nickel, chromium and other metals.

La Virgen de la esperanza. Entre las numerosas fiestas patronales y religiosas que se celebran en la Argentina, la de la Virgen de Itatí (Corrientes) es una de las más concurridas y esplendorosas. La fecha de la celebración es el 16 de julio, pero ya desde varios días antes peregrinos y promesantes comienzan a confluir a este pequeño pueblito a orillas del Paraná, a 70 km de la capital provincial, Corrientes. La imagen de la Virgen se conserva en la basílica erigida en su honor, templo que es coronado por una de las cúpulas más grandes que existen en el país. Completan la rotonda hermosos *vitraux* alusivos.

The Virgin of hope. Among the numerous religious and patron festivals celebrated in Argentina, the one in honor of the Virgin of Itati in Corrientes is one of the most magnificent and most attended. The date of the celebration is July 16th but the pilgrims and promisors begin to gather a few days earlier. it is a small town on the banks of the Parana, 70 km from the province capital Corrientes. The image of the Virgin is kept in the basilic built in her honor. The temple is crowned by one of the largest domes in the country.

La pesca en los ríos y en el mar es abundosa en la Argentina. Desde las notables truchas en los arroyos y lagos del sur, pasando por la pesca del combativo dorado que se cobra en Paso de la Patria e Isla del Cerrito sobre el Paraná, hasta la pesca en la costa atlántica o embarcada, hay para todas las preferencias (Foto: Focus).
Con la expedición de don Pedro de Mendoza, en 1536, llegaron al Río de la Plata los primeros 78 caballos, que con el tiempo se multiplicaron formando tropas numerosas. De estos animales se obtuvo por cruza excelentes variedades, como el caballo criollo o los petizos de polo. Una de las cruzas más interesantes dio como fruto el caballo enano que se cría en la provincia de Buenos Aires para fines de esparcimiento, principalmente destinado a la exportación (Foto: Antonio Legarreta).

Fishing in the rivers and ocean is abundant in Argentina. From the truchas in the brooks and lakes of the south, to the fishing of the combatant "dorado" (photo) found in Paso de la Patria and the Isla del Cerrito on the Parana, and the fishing in the Atlantic coast or embarkment, there is enough for all preferences (Photo: Focus).
With the expedition of don Pedro de Mendoza in 1536, the first 78 horses arrived at the Rio de la Plata, and in time multiplied forming large troops. By crossbreeding these animals an excellent variety of horses was obtained. The criollo horse and the petiso (a stout horse used for polo) are two such breeds. One of the most interesting crosses gave as yielding a midget horse raised in the province of Buenos Aires for recreation, mainly for export (Photo: Antonio Legarreta).

Centro del país y Andes

Central Argentina and the Andes

Esta región comprende las provincias de Córdoba —definida como la provincia mediterránea—, San Luis y La Rioja, y con ello panoramas que no pueden ser más variados: desde las Sierras Grandes cordobesas (geológicamente, de las formaciones más antiguas del país), pasando por los Llanos riojanos de intenso color rojo, hasta el círculo de los grandes volcanes en el límite con Chile y la alta meseta en el corazón de San Luis.

En esta área hay demasiados atractivos como para mencionar todos, de modo que destacaremos apenas algunos, como el Valle de la Luna, Talampaya o la misteriosa laguna Brava al pie del imponente volcán Bonete.

Para las excursiones más audaces, como por caso a la laguna Brava en genuino turismo de aventura, los períodos más convenientes son el otoño y la primavera, es decir los meses antes de las lluvias estivales y después del frío riguroso y las nevadas invernales, o viceversa.

Las rutas principales están al presente pavimentadas casi sin excepción, y allí donde hay ripio la circulación es posible sin otras restricciones que el cuidado impuesto por la grava suelta que forma la calzada. Sin embargo, quien desea penetrar lo desconocido para conocer alguna de las últimas manchas blancas de la geografía terrestre —caso de la laguna Brava— deberá necesariamente transitar por huellas a veces semiborradas, con vehículos adecuados y guiado por un experto baqueano. En este aspecto los Andes ofrecen posibilidades insospechadas.

Existen en este territorio, además de las bellezas naturales, incontables testimonios históricos que merecen ser conocidos: la riqueza arquitectónica de las estancias jesuíticas de Córdoba; la ruta de los Caudillos, en el sur de La Rioja, que permite evocar episodios fascinantes del tiempo de la lucha por la organización nacional, o simplemente la epopeya de los lavaderos de oro, sea en Carolina (San Luis) o en el pedemonte del Famatina (oeste riojano), donde algunos ilusos incansables todavía persiguen la quimera del metal amarillo.

This region comprises the provinces of Cordoba, San Luis and La Rioja with a variety of scenic views: this Big Sierras in Cordoba (geologically the oldest formations in the country), the Plains in La Rioja of intense red, the circle of the big volcanoes on the border with Chile and the High Plateau in the heart of the province of San Luis.

As there are too many tourist attractions in this area to mention them all, we shall focus only on some of them, such as the Valley of the Moon, Talampaya or the mysterious Brava lagoon at the foot of the impressive Bonete volcano.

The best time of the year for the most audacious tours, such as the Brava lagoon, pure adventure, is autumn and spring, that is to say, before the summer rains and after the severe cold and snow of winter time.

At present, the main roads, are, almost all, paved and driving is safe in gravel roads but some attention must be paid to loose gravel. However, he who wants to fathom the unknown and visit some of the last white spots on the earth —such as the Brava lagoon— must follow rather vague paths driving the proper vehicle and led by a guide. In this field, the Andes offer unsuspected possibilities.

Apart from the beauty of nature, this region offers countless historical testimonies deserving promotion: the architectural richness of the Jesuitic ranches in Cordoba; the Trail of Caudillos (Patriot leaders) in southern La Rioja which evokes the fascinating days of the fights for the organization of this country, or simply the epopee of gold washeries in Carolina (San Luis) or at the foot of the Famatina (western La Rioja) where some indefatigable dreamers are still in the quest of the yellow metal.

Tierra de caudillos. Los llanos del sur de la provincia de La Rioja, con su tierra colorada, fueron la cuna y el campo de acción de los célebres caudillos del siglo XIX que intervinieron en las luchas por la organización nacional. Entre Chamical y Chepes se desarrolla el circuito de los caudillos que permite al turista curioso revivir esa época heroica. En el poblado de Huaja se conserva la casa natal de Angel Vicente Peñaloza, llamado El Chacho, cuya figura aparece en una lograda escultura de la localidad de Tama en instantes de montar su fiel caballo.

Land of leaders. *The red earth flatlands of the south of the province of La Rioja, were the cradle and acting grounds of the famous caudillos of the 19th century. They were the men who took part in the battle of the national organization. The stretch between Chamical and Chepes allow the curious tourist to relive those heroic years. The natal home of Angel Vicente Peñaloza, called El Chacho is found in the hamlet of Huaja. His figure appears in a place called Tama through a talented sculpture mounting his loyal horse.*

El Cristo de piedra. En el norte de la provincia de La Rioja, cerca de Aimogasta, se encuentra en medio de un barreal (lago seco) una enorme roca que, vista desde cierto ángulo, muestra el perfil de un hombre con melena. Esta mole, llamada Señor de la Peña, es venerada todos los años con motivo de la Pascua de Resurrección por miles de peregrinos que acuden de lejos para congregarse alrededor del solitario peñón. Allí encienden sus velas, rezan y cumplen con sus promesas, para luego participar del bullicioso torbellino de la *kermesse* que se realiza en las inmediaciones. Es una de las celebraciones religiosas más singulares que se llevan a cabo en el país.

The Christ of the rock. *In the north of the province of La Rioja, near Aimogasta, an enormous rock is found amidst a dry lake. When you look at it from a certain angle it looks like a man with a long lock of hair. This mole, called Señor de la Peña (Lord of the rock) is worshipped every year at the Easter by thousands of pilgrims that travel from afar to gather round the solitary boulder. People pray, light candles and fullfill their promises to later join in the lively kermesse festival held in the immediacies. It is one of the most extraordinary religious celebrations that take place in the country.*

75

Turismo aventura genuino. En la parte
cordillerana de las provincias andinas se practica
con frecuencia cada vez mayor el auténtico
turismo aventura. Para tal fin es imprescindible
usar vehículos todo terreno con tracción en las
cuatro ruedas y debidamente equipados. En esta
región desértica y deshabitada las cumbres de
los altos cerros sirven de única referencia para la
orientación, ya que no hay caminos ni sendas,
sino apenas algunas huellas borrosas. No existe
vegetación ni vida animal, salvo en los
alrededores de las pocas lagunillas que salpican
este dilatado territorio.
Es una sensación extraña transitar por donde
parece que nunca antes haya estado ser
humano alguno. La incursión en la desolada
comarca de la laguna Brava y otros pequeños
espejos lacustres y salares requiere una
adecuada preparación, porque el atrevido viajero
no puede encontrar aquí ni siquiera agua.

*Genuine adventure tourism. In the Andes
provinces authentic adventure tourism is
practiced more and more. The use of fully
equipped all terrain vehicles with four wheel
drive is imperative for this. In this desert and
uninhabited region of the peaks of the high
hills there are no roads nor paths. The only
references that can be used as guides are
some worn out trails. There is no animal life or
vegetation, except surrounding the few lagoons
that are found in this territory.
It is a very strange feeling to travel through
places that seem to have never seen a human
being. The incursion into this desolate region of
the Laguna Brava, and other lacustrine mirrors
require adequate preparation because the
daring excursionist can't even find drinking
water.*

Penitentes. Una curiosidad son las agujas de hielo que se forman en los Andes gracias a las condiciones climáticas. Extensos campos de tales penitentes pueden verse en el paso cordillerano del Agua Negra, que une San Juan con Coquimbo (Chile) a través de una silleta de casi 5.000 m de altitud.

Penitents. A rare and curious natural phenomenon are the ice needles which develop in the high Andes thanks to the particular climatic conditions. Vast fields of such penitents may be seen at the Agua Negra pass which connects San Juan with Coquimbo, in Chile, climbing to nearly 5.000 meters.

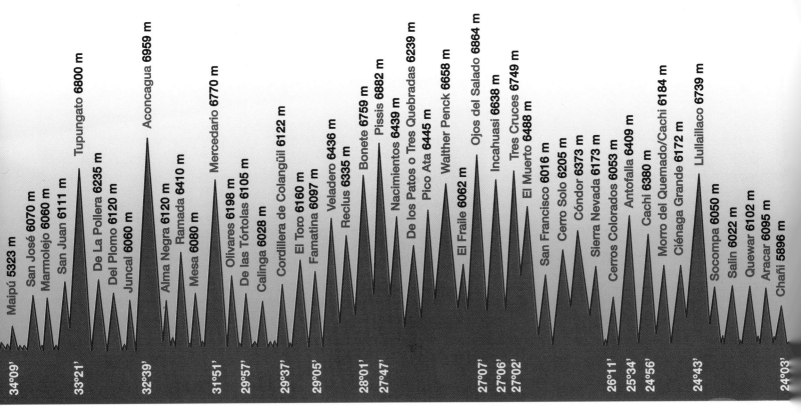

Maipú 5323 m	34°09'
San José 6070 m	
Marmolejo 6060 m	
San Juan 6111 m	
Tupungato 6800 m	33°21'
Aconcagua 6959 m	
De La Pollera 6235 m	
Del Plomo 6120 m	
Juncal 6060 m	32°39'
Alma Negra 6120 m	
Ramada 6410 m	
Mesa 6080 m	
Mercedario 6770 m	
Olivares 6198 m	31°51'
De las Tórtolas 6105 m	
Calinga 6028 m	29°57'
Cordillera de Colangüil 6122 m	
El Toro 6160 m	29°37'
Famatina 6097 m	
Veladero 6436 m	29°05'
Reclus 6335 m	

El gran círculo de volcanes.

El gran círculo de volcanes. En el noroeste de la provincia de La Rioja y oeste de Catamarca se encuentra un gran círculo formado por los volcanes más altos del planeta, anillo que es coronado por el Pissis (6.882 m). Otro de los colosos volcánicos es el Bonete (6.759 m), que lleva su nombre por un cono que remata su cumbre. En excursiones con vehículos 4 x 4 es posible, con la precaución del caso y una buena dosis de experiencia y suerte, llegar al pie del Bonete, tras pasar por la misteriosa laguna Brava. El acceso se efectúa por la R.P. 26 desde Villa Unión y Vinchina, La Rioja.

The great volcano circle. In the northeastern part of the province of La Rioja and western part of Catamarca there is a great circle formed by the tallest volcanoes in the planet, it is a ring where the Pissis is the crown peak (6,882m). Another colossal volcano is the Bonete (6,759m) that carries its name which means bonnet because a cone tops its peak. With tours in 4 x 4 vehicles, with precaution, and a good dose of experience and luck, it is possible to get to the foot of the Bonete after passing the mysterious Laguna Brava (fierce lagoon). You can arrive by the provincial road 26 from Villa Union and Vinchina in western La Rioja.

Por la senda de los arrieros. En el siglo XIX se desarrolló un intenso tráfico de animales desde las feraces invernadas en el pedemonte oriental andino a las minas de plata y cobre en el desierto de Atacama. La ruta más transitada por las tropas de bueyes herrados conducía desde Tinogasta (Catamarca) y Vinchina (La Rioja) por el paso de Comecaballos a los valles chilenos de Huasco y Copiapó. Para ofrecer a los arrieros refugios donde guarecerse en caso de una tormenta de nieve se construyó a lo largo de estos itinerarios numerosas casuchas en forma de nido de hornero. Estas "estaciones de servicio" de la pasada centuria todavía se conservan y sirven hoy a los contados y esforzados turistas que con vehículos todo terreno se aventuran, guiados por un baquiano, a esta solitaria comarca considerada una de las últimas manchas blancas del planeta.

On the trail of the cowboys. An intense animal dealing developed in the 19th century from the fertile wintering places of the eastern Andes piedmont to the silver and copper mines of Atacama desert in Chile. The road most widely used by the troops of branded oxen went from Tinogasta in the province of Catamarca and Vinchina in the province of La Rioja through the Paso de Comecaballos to the Chilean valleys of Huasco and Copiapo. To offer the herdsmen shelter in case of a snowstorm numerous shacks in the shape of nests of the homero bird were built all along the itinerary. These "service stations" of the past century are still conserved and serve today the few and courageous tourists who with all terrain vehicles take on the adventure, led by a regional guide, of riding in this solitary region considered one of the last white spots on earth.

Calendario de lluvias

CÓRDOBA

ENERO	FEBRERO	MARZO	ABRIL
118 mm	105 mm	110 mm	45 mm
MAYO	JUNIO	JULIO	AGOSTO
23 mm	15 mm	8 mm	15 mm
SEPTIEMBRE	OCTUBRE	NOVIEMBRE	DICIEMBRE
35 mm	73 mm	106 mm	129 mm

HUMAHUACA

ENERO	FEBRERO	MARZO	ABRIL
40 mm	48 mm	26 mm	4 mm
MAYO	JUNIO	JULIO	AGOSTO
0,1 mm	0,1 mm	0 mm	1 mm
SEPTIEMBRE	OCTUBRE	NOVIEMBRE	DICIEMBRE
1 mm	1 mm	18 mm	34 mm

Las vueltas del río. El río de la Troya nace de los deshielos y atraviesa, al descender a los llanos, la agreste quebrada del mismo nombre, donde en un punto la corriente describe una curva de 180°. Por un camino que bordea este río, que más adelante se llama Bermejo y después Desaguadero, se accede al solitario poblado de Jagüe, de donde antaño los arrieros partían hacia Chile. En la boca de la quebrada de la Troya, cerca de Vinchina, los indígenas construyeron varias grandes estrellas con fines rituales, usando piedras de colores rojo, blanco y turquesa.

The turns in the river. The Troya river is formed from thaws. It descends from the plains and crosses the rough ravine that carries its same name at a point where the current draws a 180 degree turn. This river later takes on the name of Bermejo and then Desaguadero, and bordering it is a road that permits access to the solitary town of Jague, from where years ago herdsmen left to go to Chile. At the mouth of the ravine of the Troya, near Vinchina, the indians constructed various large stars for ritual purposes using red, white and turquoise stones.

Las estancias jesuíticas. Los jesuitas se establecieron en el siglo XVII en lo que es hoy la provincia de Córdoba, donde fundaron extensas estancias con las que solventaban los gastos de construir y mantener conventos, iglesias y colegios. Uno de los testimonios más encantadores de esa época es la capilla de Candonga, con acceso por un caminito serrano desde Río Ceballos. Más importante en cambio fue —y es— el convento con iglesia contigua de Jesús María, escasos 50 km al norte de la ciudad de Córdoba por la R.N. 9.

The Jesuit ranches. The Jesuits established themselves in the 17ᵗʰ century of what is today the province of Cordoba. They had large estancias (ranches) through which they financed their expenses to build and maintain convents, churches and schools. one of the most charming testimonies of this period is the Candonga chapel, with access through a small hill road that comes up from Rio Ceballos. Although 50 km north of the city of Cordoba on route 9 we can find what was and is the more important Convent and adjacent church of Jesus Maria.

Monumentos a la fe. La iglesia matriz de Córdoba, sobre la plaza principal contigua al venerable Cabildo, es una de las realizaciones barrocas más descollantes del período colonial. En el empedrado frente a la Catedral se realizó un muy logrado rebatimiento que dibuja los contornos del edificio en el piso. También suscita asombro el templo de los jesuitas, cuya bóveda de medio cañón fue realizada en maderos traídos del Paraguay. Su autor fue un jesuita belga, constructor de barcos, que techó el templo con una estructura semejante a las cuadernas de la quilla, pero al revés.

Monuments to faith. The Cordoba Cathedral in the main square next to the Cabildo is one of the most outstanding barroque realizations of the colonial period. The stone pavement in front of the Cathedral has the outlines of the building drawn on the floor. The temple of the Jesuits is also astonishing. Its vault of half barrel was constructed in timber beams brought from Paraguay. The author was a Belgian Jesuit shipbuilder and the roof of the temple is a structure similar to an upside down frame of a ship's keel.

Como en Europa. El corazón de Córdoba, con sus sierras, sus bosques, sus ríos y lagos se parece en mucho a los países centroeuropeos. Esto hizo que numerosos italianos, alemanes y suizos se afincaran en ese bello paisaje y que surgieran poblaciones con un neto aire alpino. El más típico es La Cumbrecita, fundado en los años '30, cuyas casas de madera, con hastial y tejas, se parecen a las del Tirol. En Carlos Paz un monumental reloj de cuco —el más grande del mundo en su género— es otro exponente de esta traslación cultural.

Like in Europe. The heart of Cordoba, with its hills, its forests, its rivers and lakes, greatly resembles central European countries. This made numerous Italians, Germans and Swiss choose this beautiful landscape to live in, and thus the population that developed is alpine in nature. The most typical place is La Cumbrecita, founded in the 30's. The wooden houses, with gables and tiles, are similar to those of the Tyrol. The monumental cuckoo clock in Carlos Paz, the largest of its kind in the world, is a clear sample of the cultural transfer.

83

Antiguos usos. En muchas partes del interior de la Argentina perduran costumbres y tradiciones de la más diversa índole. En Santiago del Estero, por caso, se puede ver en los caminos de tierra o en las rutas de asfalto los grandes carros llamados chatas que sirven todavía hoy, al igual que en siglos pasados, para el trasporte de leña, carbón vegetal, cereales y otras mercaderías. Parecería que el tiempo se hubiera detenido.

Ancient customs. The customs and traditions are of a very diverse nature in many parts of the Argentine provincial territory. In Santiago del Estero, for example, one can see great carts called chatas *riding the paved or dirt roads, just as they were used in past centuries, to carry lumber, vegetal coal, cereals and other merchandise. It seems as though time has stopped.*

Para descubrir: Agua Escondida. A medio camino entre el Valle de la Luna, en San Juan, y Talampaya, en La Rioja, se encuentra una polícroma hoyada con cientos de formaciones caprichosamente talladas por el viento y la lluvia. No hay camino de acceso directo a este recóndito y prístino lugar, pero con la ayuda de un guía práctico se puede llegar a esta maravilla de la naturaleza. Se puede contratar baqueanos en el pueblito de Pagancillo, a corta distancia de Villa Unión, en el oeste riojano (Foto: Guido Filippi).

To discover: **Agua Escondida.** *Halfway between the Valle de la Luna, in San Juan, and Talampaya in La Rioja, there is a polychrome dale with thousands of formations whimsically carved by the wind and the rain. There is no direct access road to this pristine and hidden place, but with the help of a scout it is possible to arrive to this natural wonder. A guide can be hired in the small town of Pagancillo, which is a short distance from Villa Union, in the western part of La Rioja (Photo: Guido Filippi).*

El valle de los dinosaurios. Ischigualasto es una amplia hondonada en el norte de la provincia de San Juan, no lejos de la localidad de San Agustín de Valle Fértil, localidad donde se puede pernoctar y contratar un guía o una excursión. Este valle contenía hace 230 millones de años ricas flora y fauna, y aquí se encontró los restos fosilizados de los dinosaurios más antiguos que se conozca. Pero Ischigualasto no sólo interesa a los paleontólogos: el Valle de la Luna con sus incontables formaciones multicolores y caprichosas es a la vez uno de los destinos preferidos de los turistas que van en busca de algo diferente. El "Submarino" y la "Torre de la bandeja" son apenas dos de las muchas esculturas talladas por la erosión pluvial y eólica.

The valley of the dinosaurs. Ischigualasto is a vast depression in the north of the province of San Juan, not far from San Agustin de Valle Fertil, where one can spend the night and take a tour or a guide. In the past this valley contained a rich flora and fauna, and it is here where the fossilized remains of the most ancient dinosaurs known, like complete spines, can be seen. Although Ischiguaslasto is not only of interest to palaeontologists: the Valle de la Luna (Valley of the moon) with its countless multicolor formations is a favorite for tourists in search of something different. The "Submarine" and the "Torre de la Bandeja" are just two of the many sculptures carved by the aeolian and pluvial erosion.

El Cañadón de los siete ecos. En el sudoeste de la provincia de La Rioja, con acceso por la R.P. 26 desde Villa Unión o Patquía, se encuentra el extenso parque provincial Talampaya. Sus acantilados de intenso color rojo alcanzan una altura de 143 m en su parte más empinada, e incluso en algunos sectores las rocas sobresalen respecto de la vertical formando Los Balcones. En el pasaje más angosto el cañadón se estrecha a tan sólo 80 m permitiendo la formación de siete ecos.

Ni siquiera desde el aire, al sobrevolarlo en aeroplano, es posible abarcar la totalidad del amplio parque Talampaya. Además del imponente cañadón el visitante puede conocer un pequeño botánico regional, interesantes petroglifos y numerosas formaciones pétreas como Los Reyes Magos, el Tablero de Ajedrez y Las Catedrales.

The Canyon of the seven echoes. In the southeast of the province of La Rioja, with access through route 26 from Villa Union or Patquia, is the extensive provincial park of Talampaya. Its cliffs of an intense red color reach a height of 143 m in its steepest point and in some places there are rocks bulging out of the vertical line creating the Balcones (balconies). In the narrowest passage the canyon becomes 80 m wide forming the seven echoes. It is impossible, even by plane, to take in the entirety of the vast Talampaya park. Besides the majestic cliff the visitors can see a small regional botanical, interesting petroglyphs and numerous rock formations like Los Reyes Magos (the three wise men), El Tablero de Ajedrez (the chess board) and Las Catedrales (the cathedrals).

La Rosa del Inca. En la década del '30 se descubrió, en las galerías de la por entonces ya abandonada mina de cobre Capillitas, cerca de Andalgalá, Catamarca, una piedra semipreciosa de color rosado. Su nombre científico es rodocrosita, pero se la conoce más por Rosa del Inca. Como tal, los últimos años este mineral se ha transformado en la gema más característica de la Argentina. La rodocrosita se usa para tallar figuras decorativas, desde ceniceros hasta juegos de ajedrez. Pero también se la emplea para engarzar anillos, aros, pectorales y otros adornos. Hábiles artesanos (abajo) en el interior del país usan la rodocrosita engarzándola en adornos diversos, elaborados a partir de plata fina extraída de diversas minas en Salta, Catamarca y La Rioja (arriba).

The Rose of the Inca. In the decade of the 30's, in the passages of the already abandoned "Capillitas" copper mine, near Andalgala in the province of Catamarca, a pinkish semi-precious stone was discovered. Its scientific name is rhodochrosite, but it is more well known as the Rosa del Inca. As such, this mineral has become the most characteristic gem of Argentina in recent years. The rhodochrosite is used to make decorative figures, from ashtrays to chess pieces. Craftsmen (bottom) shape the rhodochrosite for making jewelry, for which they frequently use ingots of pure silver mined in the provinces of Salta, Catamarca and La Rioja (top).

Evocando la conquista del desierto. La
Argentina fue conquistada para la labor
civilizadora de los colonos a través de una serie
de campañas militares. Las fronteras entre el
blanco y el territorio indio fueron siendo
adelantadas en sucesivas etapas, y
resguardadas por fortines. El poema *Martín
Fierro*, de José Hernández, relata la vida
sacrificada y peligrosa en estos baluartes
situados en medio de la nada. En diferentes
puntos de la Argentina se han levantado en los
últimos años réplicas de tamaño real de estos
fortines que evocan aquella época, como este de
San José de la Esquina, provincia de Córdoba,
coronado por el solitario mangrullo.

*Evoking the conquest of the desert. Argentina
was conquered through a series of military
campaigns and the colonists worked to civilize
the land.
The frontiers between the white man and the
indian territory were advanced in successive
stages and protected by forts. The Martin Fierro
poem written by Jose Hernandez, tells of a
dangerous and sacrificed life in these bastions in
the middle of nowhere. In different places around
Argentina life size replicas of these forts have
been constructed evoking those times like that in
San Jose de la Esquina, in the province of
Cordoba, crowned by the solitary mangrullo
(lookout point).*

El sueño dorado. La Argentina es un país rico en metales nobles, aun cuando no se cumplió el sueño de los conquistadores de hallar aquí "Eldorado" o la "Sierra de la Plata". Pero en las regiones andinas se extrajo durante el siglo pasado considerable cantidad de oro, y esa tradición permanece viva aún en regiones como Carolina, en el norte de San Luis. Allí, solitarios buscadores persisten en lavar arena aurífera para arrancar al aluvión algunas pepitas, briznas o chispas del metal amarillo. El producido es luego canjeado en el almacén, donde se lo pesa, por alimentos o vicios. Una estatua en homenaje al minero recuerda los tiempos cuando en Carolina se buscó oro en mayor escala.

The golden dream. Argentina is a country rich in noble metals even though the conqueror's dream of finding the gold or the silver mountain was not fullfilled. Although a considerable amount of gold was extracted in the Andean regions last century and this tradition still lives on in areas like Carolina in the north of San Luis. That is where lone seekers insist in washing auriferous sand to take some nuggets of the yellow metal. The product is then weighed and traded for food or vices.
A statue in honor of the miners remind us of the times of large scale search for gold in Carolina.

Cuyo y Cordillera central

Cuyo and the central Andes

El tradicional término Cuyo —que políticamente engloba las provincias de San Luis, San Juan y Mendoza, con el reciente agregado de La Rioja en el Gran Cuyo— abarca una vasta área desértica en el pedemonte oriental del macizo andino, donde el empeño y el ingenio del hombre lograron el milagro de convertir un erial en floreciente oasis. Esta fertilidad se debe a un elaborado sistema de irrigación artificial, que a su vez es posible porque la época de germinación, floración y maduración de las vides y otros vegetales coincide con el período de deshielo. Por eso las planicies de Cuyo y la Cordillera forman en muchos aspectos una unidad indisoluble.

Desde el punto de vista turístico esta tierra ofrece de todo: extensos lagos artificiales para el esparcimiento, ríos correntosos para el canotaje y el rafting, y la posibilidad de desafiar los más altos pináculos de los Andes o recuperar energías en algunas de las mundialmente famosas fuentes termales.

Pero hay más: en el acceso este de la ciudad de Mendoza, exactamente en el cruce con la autopista que sale hacia el norte y hacia el sur, nace la carretera más larga y más espectacular del país: la Ruta Nacional 40. Esta "vía de las 30 latitudes" —que bordea la Cordillera andina desde casi el límite con Bolivia para terminar a orillas del Océano Atlántico en Punta Loyola, cerca de Río Gallegos, Santa Cruz— ofrece todos los climas y todos los escenarios imaginables. De ella arrancan 15 pasos andinos hacia Chile, y se tiene acceso a ocho parques nacionales, amén de numerosos monumentos y reservas naturales, distribuidos a lo largo de los 4.667 kilómetros de "la Cuarenta".

Cuyo y la Cordillera Central están de temporada todo el año: en las estaciones más templadas los oasis del pedemonte invitan a quedarse, en tanto que los valles andinos y la alta montaña llaman a sus amantes en verano. Las vías de comunicación son excelentes y brindan acceso a la mayoría de los atractivos naturales de la región. Y donde terminan las huellas comienzan los numerosos programas de turismo aventura que brindan los operadores.

The traditional name Cuyo — that politically speaking refers to the provinces of San Luis, San Juan and Mendoza — with the late inclusion of La Rioja at the Gran Cuyo, comprises a large desertlike area at the eastern foot of the Andes where human determination and skill worked the miracle of transforming an uncultivated land into a blossoming oasis. This fertility is due to a complex system of artificial irrigation as the germination, flowering, and maturity periods of grapes coincide with the thawing season. For that reason Cuyo and Andean plains form a unity.

From the viewpoint of tourism, this land offers everything: large, artificial lakes for recreation, wild rivers for canoes and rafting and the possibility of attempting the highest Andean pinnacles, or physical recovery at world famous hot springs.

However, there is still more. On the eastern access to the city of Mendoza, right at the crossroad of the highway going North and South, the longest and most spectacular road, route number 40, starts. This "road of the 30 latitudes" skirting the Andean mountain range from almost the Bolivian border to the shore of the Atlantic Ocean at Punta Loyola, next to Rio Gallegos, province of Santa Cruz, offers every possible weather and incredible scenic views. The route is the starting point of 15 Andean passes to Chile and gives access to eight National parks plus several natural monuments and reserves distributed along its 4,667 kilometers.

Cuyo and the Central Andes enjoy a year-round season. During warm periods, the oasis at the foot of the range lure tourism while, in summertime, its Andean valleys and high mountain attactions summon its own fans.

The access to the area is excellent and the communication routes reach most of the natural attractions of the region. However, several adventure tours start at the end of trodden paths.

Ruta Nacional 40, sector Norte

Route 40, Northern section

En la región Calchaquí la R.N. 40 toca numerosos pueblos pintorescos, entre los que descolla la somnolienta Cachi con su antigua iglesia y su notable museo arqueológico.

In the Calchaqui region route 40 reaches numerous picturesque towns, among which the sleeping Cachi stands out with its antique church and its noteworthy archaeological museum.

La porción septentrional de la R.N. 40 nace, al igual que el sector sur, en las afueras de Mendoza, donde esta vía longitudinal intersecta la R.N. 7 procedente de Buenos Aires. El tramo norte tiene una extensión de 1.551 km, que es exactamente la mitad de la porción sur. El camino atraviesa valles y bolsones, corre a la sombra de frondosas alamedas y trepa a mayor altura que el Monte Blanco europeo. Esta carretera termina en Abra Pampa, cerca de la frontera con Bolivia, tras atravesar desde Punta Loyola 4.667 km.

The septentrional section of route 40 just like the southern portion begins in the outskirts of Mendoza where it intersects lengthwise with national route 7 which proceeds from Buenos Aires. The Northern portion of the route has an extension of 1,551 km which is exactly half of the southern section. The road crosses valleys and runs in the shade of the abundant tree lined promenade and climbs higher than the European Mt. Blanc. This highway ends in Abra Pampa, near the border with Bolivia, after crossing 4,667 km from Punta Loyola.

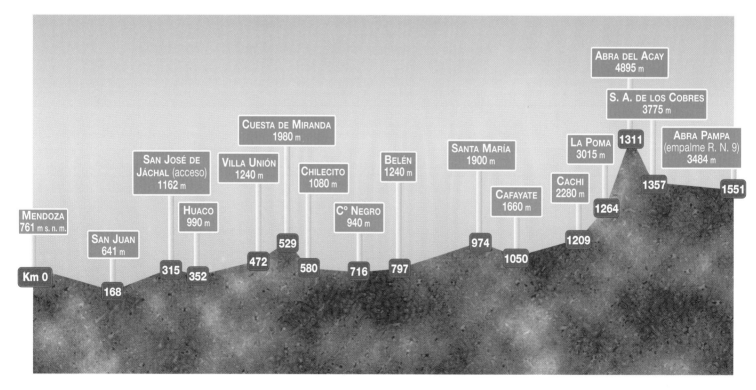

En el valle de Santa María corre entre viñedos y cultivos de pimientos colorados, que dan excelentes rindes gracias al intenso riego artificial.

In the valley of Santa Maria the road passes through vineyards and red pepper plantations that yield excellently thanks to the intense artifitial irrigation.

La Quebrada de las Flechas, cerca de Angastaco en el corazón del valle Calchaquí, es uno de los paisajes más espectaculares que atraviesa la ruta más larga del país.

Near Angastaco in the heart of the valley of Calchaqui, the ravine La Quebrada de las Flechas is one of the most spectacular landscapes that crosses the longest route of the country.

Uno de los parajes más polícromos que atraviesa la R.N. 40 es la cuesta de Miranda, entre Villa Unión y Chilecito. Aquí predominan tres colores: el rojo de la montaña, el verde de la vegetación y el azul del cielo.

One of the most polychromatic places that crosses the route 40 is the Miranda slope between Villa Union and Chilecito. There are three predominant colors here: the mountain red, the green from the vegetation and the blue of the sky.

Por lo más alto. Por su industria y su comercio, las provincias andinas han estado desde siempre vinculadas estrechamente con Chile. Este intercambio, al que se agrega el turismo, se realiza a través de pasos que figuran entre los más largos, más altos y más difíciles del mundo. Las conexiones con Chile más audaces son los pasos del norte y del centro —Jama, Huaytiquina, Sico, San Francisco, Agua Negra y Mendoza, por lo que respecta a los utilizables—, en tanto que en el sur la comunicación con el país trasandino se efectúa por pasos cortos y bajos, sin otros inconvenientes que la ocasional acumulación de nieve en invierno.
El único vínculo con Chile íntegramente pavimentado es por Uspallata y el túnel vial Cristo Redentor a lo largo del valle del río Mendoza. En cambio, en el norte las rutas son de ripio y serpentean por el tablazo entre salares y volcanes. El perfil altimétrico de estos pasos es a menudo tan espectacular como vertiginoso (ver gráficos en las páginas 98 y 99).

Around the highest top. Through its industry and commerce, the Andean provinces have always been closely related to Chile. This exchange, which includes tourism, is done on the highest and most difficult roads in the world. The most daring connectors to Chile are the Northern and Central crossings: Jama, Huaytiquina, Sico, San Francisco, Agua Negra and Mendoza, as far as the ones in use. In the South the communication with Chile is done through short and low crossings with no problems other than the occasional accumulation of winter snow.
The only road to Chile that is completely paved is through Uspallata and the Cristo Redentor tunnel along the valley of the Mendoza river. On the other hand, the roads in the North are made of gravel and wind arround salt lakes and volcanoes until they dissappear into the beyond.
The altimetric profile of the Andean passes is truly spectacular (see drawings on pages 98 and 99).

El "techo de América". Tal la denominación lírica del Aconcagua, un macizo granítico que emerge solitario rodeado por un mar de montañas de 5.500 m, elevando su pico nordeste a 6.959 m y el sudoeste, a 6.930 m. El acceso para seguir la ruta normal comienza en Puente del Inca, a 3.000 m de altura. Cada año más de un millar de montañistas se congregan en los meses de verano para hacer cumbre, pero casi siempre el coloso cobra algunas vidas. Hoy día las ascensiones son más fáciles porque en Plaza de Mulas, a 4.200 m, se ha instalado un confortable hotel.

The roof of America. Such is the lyric title given to the Aconcagua, a granitic massif which stands lonely surrounded by a sea of mountains of 5,500 m, its Northeastern peak rising to 6,959 m and the Southwestern one to 6,930 m. The access to follow the common road begins in Puente del Inca, at a height of 3,000 m. Each year more than thousand mountaineers climb up to the summit. but the giant almost always takes some lives. Nowadays, climbing has been made easier since a very comfortable hotel was built in Plaza de las Mulas at 4,200 m.

Paso de Jama

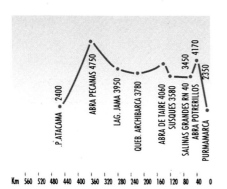

Paso de Huaytiquina

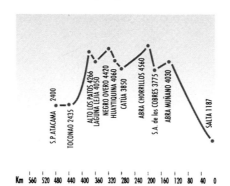

Paso de La Cumbre y Tunel Cristo Redentor

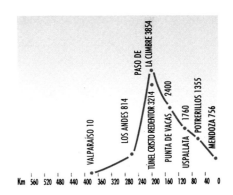

Emblema andino. El cóndor es la más grande ave voladora. Se lo encuentra desde la Patagonia austral hasta California, pero donde más abunda es en la alta cordillera sudamericana. Puede decirse que este elegante planeador es el animal emblemático de los Andes. Los cóndores adultos alcanzan una envergadura de tres metros, y una de sus características es el collar de plumas blancas alrededor del cuello (Foto: Frank Schreider/Focus).

The Andean emblem. The condor is the biggest flying bird. It is found all along the way between Patagonia and California, but it is most abundant in the high South American cordillera. One could say that this elegant glider is the emblem of the Andes. The adult condor reaches up to three meters of wingspread, and one of the main characteristic is the ring of white feathers around its neck (Photos: Frank Schreider/Focus).

Paso de San Francisco

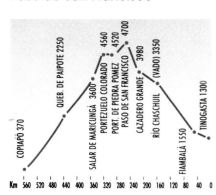

COPIAPÓ 370 — QUEB. DE PAIPOTE 2250 — SALAR DE MARICUNGÁ 3600 — PORTEZUELO COLORADO 4560 — PORT. DE PIEDRA POMEZ 4520 — PASO DE SAN FRANCISCO 4700 — CAZADERO GRANDE 3980 — RÍO CHASCHUIL (VADO) 3350 — FIAMBALÁ 1550 — TINOGASTA 1300

Km 560 520 480 440 400 360 320 280 240 200 160 120 80 40 0

Paso de Agua Negra

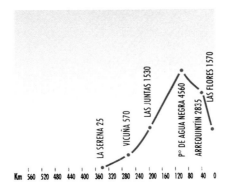

LA SERENA 25 — VICUÑA 570 — LAS JUNTAS 1530 — Pº DE AGUA NEGRA 4560 — ARREQUINTÍN 2835 — LAS FLORES 1570

Km 560 520 480 440 400 360 320 280 240 200 160 120 80 40 0

Paso de Sico

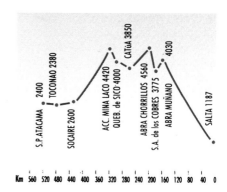

S.P. ATACAMA 2400 — TOCONAO 2380 — SOCAIRE 2600 — ACC. MINA LACO 4420 — QUEB. de SICO 4000 — CATÚA 3850 — ABRA CHORRILLOS 4560 — S.A. de los COBRES 3775 — ABRA MUÑANO 4030 — SALTA 1187

Km 560 520 480 440 400 360 320 280 240 200 160 120 80 40 0

El Cristo de los Andes. En 1904 se erigió en la silleta del paso más transitado entre la Argentina y Chile, llamado Iglesia-Bermejo o de la Cumbre (3.832 m), una estatua del Cristo Redentor colocada sobre un pedestal. Desde aquí se tiene una visión fantástica tanto hacia el este como hacia el oeste. Antes muy transitado, el paso de la Cumbre es visitado hoy tan sólo por turistas; el tráfico vehicular en cambio se desarrolla a través del túnel vial que tiene
3.080 m de largo y corre debajo de la cresta limítrofe.

The Christ of the Andes. In 1904 a statue of Christ the Redeemer was placed on a pedestal on the major road between Argentina and Chile, called Iglesia-Bermejo or de la Cumbre (3,832 m). This place has a fantastic view to the east as well as to the west. Although the access to the Cumbre pass was once very busy, these days it is only visited by tourists. Car traffic drives through the tunnel built by the Techint company instead. It is 3,080 m long and goes under the bordering mountain range.

Calendario de lluvias

MENDOZA

ENERO	FEBRERO	MARZO	ABRIL
30 mm	27 mm	22 mm	11 mm
MAYO	JUNIO	JULIO	AGOSTO
6 mm	5 mm	5 mm	3 mm
SEPTIEMBRE	OCTUBRE	NOVIEMBRE	DICIEMBRE
6 mm	19 mm	19 mm	25 mm

MALARGÜE

ENERO	FEBRERO	MARZO	ABRIL
12 mm	13 mm	21 mm	11 mm
MAYO	JUNIO	JULIO	AGOSTO
11 mm	25 mm	26 mm	24 mm
SEPTIEMBRE	OCTUBRE	NOVIEMBRE	DICIEMBRE
13 mm	20 mm	15 mm	10 mm

El Pozo de las Animas. Una curiosidad de la naturaleza se encuentra en el valle de los Molles, sobre el camino de acceso de Malargüe, en el sur de Mendoza, al centro de esquí internacional Las Leñas. Allí se han formado dos grandes y profundos pozos que terminaron por llenarse con agua. Como estas enormes cavidades producen un aullido cuando sopla el viento, se llama al fenómeno Pozo de las Animas.

Pozo de las Animas. A curiosity of nature can be found in the valley of Los Molles, on the road which leads to the access to Malargüe, in the south of the province of Mendoza. That road guides the tourist to the international ski resort of Las Leñas. Two large and deep pits formed and became filled with water. These enormous holes wail on windy days and so this phenomenon has been called the well of the poor souls.

Islas que emergen. La región de Cuyo tiene numerosos embalses artificiales, creados principalmente para la irrigación de los cultivos de viña y hortalizas diversas, aunque también para producir electricidad. Estos complejos —Agua del Toro, El Nihuil, Ullún y, en la foto, Valle Grande— se han convertido en importantes centros de esparcimiento y atracciones turísticas. Del agua emergen islotes que confieren al paisaje un aspecto fantasmagórico.

Emerging islands. The Cuyo region has many artificial dams, created mainly to water the vineyard and vegetable cultivations. They were also created to produce electricity. These resorts: Agua del Toro, El Nihuil, Ullun and in the photograph Valle Grande, have become important recreation and amusement centers for tourists. Islets emerge from the mirrors of water giving the landscape a phantasmagoric view.

Fuentes termales y aguas minerales

Thermal springs and mineral waters

En la Argentina tiene surgimiento más de un centenar de fuentes termales y minerales. Algunas brotan sin ser aprovechadas ni estar dotadas de infraestructura hotelera y balnearia. Otras disponen de comodidades de primera y atraen a pacientes de todo el mundo. Entre las aguas curativas y vivificantes más notables figuran las de Copahue/Caviahue, en Neuquén; Termas de Reyes, en Jujuy; Río Hondo, en Santiago del Estero; Pismanta, en San Juan; Baños del Inca, en Mendoza, y Rosario de la Frontera, en Salta.

La abundancia de aguas termales obedece a la intensa actividad volcánica latente, en particular a lo largo del pedemonte cordillerano.

There are more than a hundred thermal and mineral springs. Some flourish and are not used nor are they made into resorts. Others offer first class accommodation and attract patients from all over the world. Among the most notable curative springs are the ones in Copahue/Caviahue, in Neuquen; Termas de Reyes in Jujuy; Rio Hondo in Santiago del Estero; Pismanta in San Juan; Baños del Inca in Mendoza, and Rosario de la Frontera in Salta.

Such an abundance in thermal springs are product of the intense latent volcanic activity along the cordilleran piedmont.

Villavicencio se cobija en un apacible valle precordillerano, cerca de Mendoza. Su agua mineral es embotellada para el consumo de mesa y distribuida en todo el país.
Pismanta es un oasis en la desértica travesía sanjuanina, con una sólida infraestructura hotelera y buen acceso. Situada a 1.900 m sobre el mar, el agua brota aquí a 45 °C.
A 190 km de la ciudad de Mendoza existen tres fuentes termales cuyas virtudes ya eran conocidas por los aborígenes. Las instalaciones balnearias se encuentran debajo del arco natural llamado Puente del Inca.

In the desert crossing of San Juan there is an oasis called Pismanta which has easy access and good hotel facilities. Located at 1,900 meters above sea level, water springs here at 45 degrees Centigrade.
Villavicencio is sheltered in a peaceful precordilleran valley near Mendoza. Its mineral water is bottled for drinking and is distributed throughout the country.
There are three thermal springs located at 190 km from the city of Mendoza whose virtues had already been known by the native indians. The resort facilities can be found beneath the natural arch called "Puente del Inca" (bridge of the Inca)

Los barros y las aguas mesotermales de Copahue, a 200 km de Zapala, brotan a 2.000 m sobre el nivel del mar y ofrecen la posibilidad de fangoterapia, hidroterapia y vapoterapia.

The muds and mesothermal waters of Copahue, 200 km from Zapala, flow 2,000 meters above sea level and offer the possibility of mud therapy, hydrotherapy, and vapor therapy.

Aguas minerales y termales / *Mineral and thermal waters*

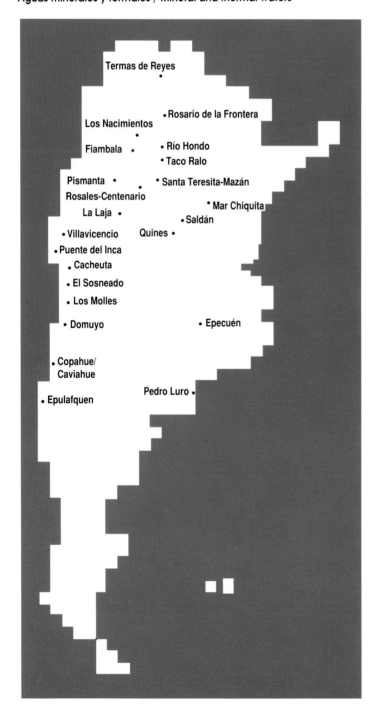

- Termas de Reyes
- Rosario de la Frontera
- Los Nacimientos
- Fiambala
- Río Hondo
- Taco Ralo
- Pismanta
- Santa Teresita-Mazán
- Rosales-Centenario
- La Laja
- Mar Chiquita
- Saldán
- Villavicencio
- Quines
- Puente del Inca
- Cacheuta
- El Sosneado
- Los Molles
- Domuyo
- Epecuén
- Copahue/ Caviahue
- Pedro Luro
- Epulafquen

Deportes invernales

La Argentina cuenta con un enorme potencial para los deportes invernales en el pedemonte oriental de los Andes. Una de las grandes ventajas es que la actividad es más intensa cuando en el Hemisferio Norte es verano y allí resulta difícil esquiar.

Las primeras pistas para amateurs se habilitaron en Bariloche en la década del '30. Poco a poco fueron agregándose otros centros dotados con infraestructura cada vez más completa. San Carlos de Bariloche —donde ya es tradicional la anual Fiesta de la Nieve, con la bajada de las antorchas—; Chapelco, cerca de San Martín de los Andes; Las Leñas, en el valle Los Molles próximo a Malargüe, con un importante complejo hotelero y de medios de elevación, y las pistas de Vallecitos y Penitentes, al oeste de la ciudad de Mendoza, son los polos que mayor número de entusiastas convocan entre julio y septiembre (Foto: Focus).

Principales pistas de esquí / *Main ski runs and slopes*

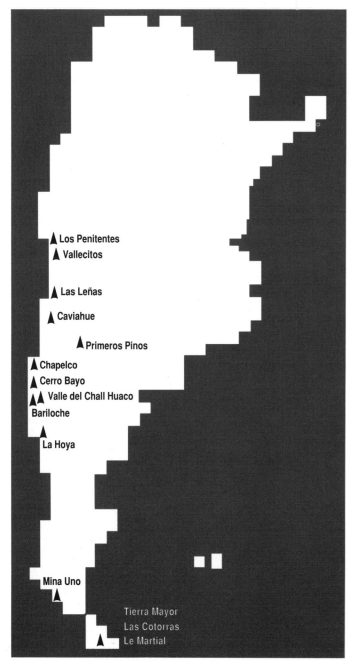

▲ Los Penitentes
▲ Vallecitos

▲ Las Leñas

▲ Caviahue

▲ Primeros Pinos

▲ Chapelco
▲ Cerro Bayo
▲▲ Valle del Chall Huaco
Bariloche

▲ La Hoya

Mina Uno
▲

Tierra Mayor
Las Cotorras
▲ Le Martial

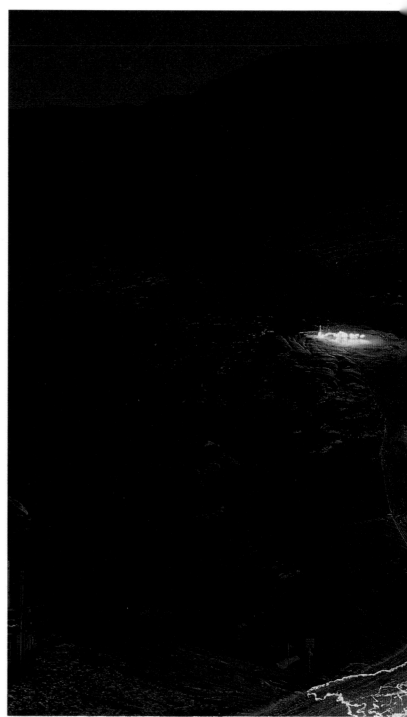

Winter sports

Argentina has an enormous potential for winter sports at the eastern piedmont of the Andes. One of the great advantages is that when the summer season in the Northern Hemisphere makes it difficult to ski there, it is peak season for the south.

The first amateur ski slopes were inaugurated in Bariloche in the 1930's. Little by little ski centers equipped with more complete facilities were added. San Carlos de Bariloche, where the now traditional Snow festival is celebrated with the descent of the torches; Chapelco which is near San Martín de los Andes; Las Leñas, in the valley of Los Molles near Malargüe, which boasts an important hotel complex and elevation means, and the tracks at Vallecitos and Penitentes, West of the city of Mendoza, are the spots that most enthusiasts visit between July and September (Photo: Focus).

Una figura imponente. Desde gran distancia el viajero puede distinguir la silueta inconfundible del Tupungato. Este volcán campanuliforme, de 6.800 m de elevación —casi tan alto como el cercano Aconcagua, sito algo más al norte—, está cubierto por una caparazón de hielo eterno y define en este punto el límite entre Argentina y Chile. Con sus aguas de deshielo se riegan incontables cultivos en los alrededores.

An impressive figure. From a considerable distance a traveler may distinguish the unmistakable silhouette of Tupungato. This bell-shaped volcano 6,800 m, almost as tall as the nearby Aconcagua, is covered by a coat of everlasting ice. This volcano marks the boundary between Argentina and Chile. The waters from its great thaws irrigate the countless plantations nearby.

Oasis y alamedas. No obstante su carácter desértico, la región de Cuyo es potencialmente fértil. Dondequiera que el hombre planta un árbol o una vid y le prodiga riego, éstos se desarrollan con fuerza. Las largas alamedas, cerca de Uspallata (Mendoza), son tan característicos de la zona cuyana como los oasis sitos en los valles más agrestes, caso de la localidad Punta de Vacas en la confluencia de los ríos Mendoza y Blanco, a corta distancia del límite con Chile.

Oasis and groved promenades. In spite of its desert character, the Cuyo region is potentially fertil. Wherever a man plants a tree or a grapevine and waters it, it will grow strong. The tall trees near Uspallata (Mendoza) are so characteristic of the area as are the oasis in the wild valleys. This is the case in Punta de Vacas where the Mendoza river and the Blanco river meet, a short distance from the border with Chile.

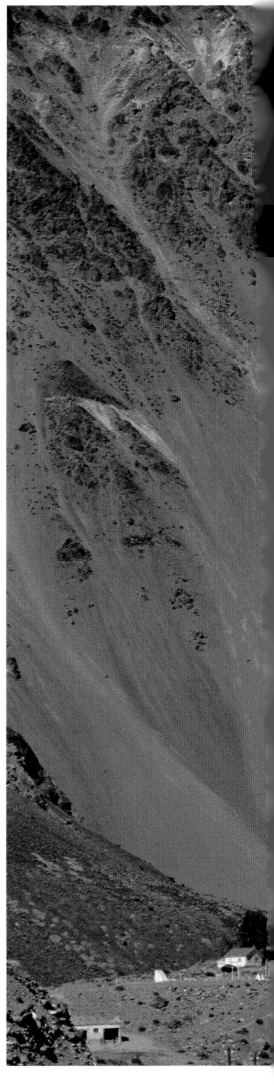

Joyas ignotas de los Andes. Una de las comarcas más paradisíacas de la Argentina es la laguna del Diamante, en el Sur de la provincia de Mendoza y en cuyas aguas color turquesa se refleja el cono del majestuoso volcán Maipú (5.323 m). No menos encantador, también en las cercanías, es el paraje El Sosneado con las ruinas del antiguo hotel termal y sus fuentes de salud de aguas sulfurosas. La huella de acceso a la laguna del Diamante, el Maipú y a las termas de El Sosneado sólo permite transitar sin problemas durante los meses de verano, ya que en invierno la nieve bloquea la ruta. Puede usarse en forma indistinta un coche de pasajeros o bien un 4 x 4 para recorrer estos itinerarios.

Hidden gems of the Andes. *A truly paradisiacal site in southern Mendoza province is the Diamante lagoon with its deeply turquoise waters. Towering above the lake is the Maipu (5.323 meters), a dead volcano. Not far from here are the sulphur springs of El Sosneado, which once was used to be a fashionable spa with a comfortable hotel now in ruins. The road to the Diamante lagoon and the Maipu volcano, as well as to the El Sosneado springs, may be used only during summer, whilst during the winter the tracks are blocked by snow. However, in summer the visitors may use a car as well as an All Terrain Vehicle (ATV) to reach these beautiful places.*

Página 110: Imagen tomada por un satélite desde una altura de 35.000 km que muestra bolsones, lagos y sierras en el oeste de la provincia de La Rioja.

Page 110: Satellital view taken from 35,000 km above the western portion of La Rioja province, showing valleys, lakes and mountain ranges in the area.

Buenos Aires, Delta y costa atlántica

Buenos Aires, Delta and the atlantic coast

Aun siendo la más grande y más populosa (la Buenos Aires metropolitana con sus diez millones de habitantes concentra casi el 30 % de la población del país), no es en absoluto la más antigua de las ciudades argentinas; Santiago del Estero, Mendoza, San Miguel de Tucumán, Santa Fe y Córdoba son algunas de las villas fundadas por españoles que la precedieron.

A todo eso, la Buenos Aires que en 1580 Juan de Garay asentó en su sitio actual fue durante siglos un villorrio insignificante, mientras otras urbes en el interior prosperaban. Recién a partir de comienzos del siglo XIX se inició el vertiginoso desarrollo de la que pronto pasó a llamarse, orgullosamente, "la Reina del Plata". Sólo para conocer la Capital Federal (200 km^2) y el Gran Buenos Aires (4.326 km^2) se necesitaría meses, tal vez años. Por ello su reconocimiento por el forastero debe necesariamente limitarse a los atractivos más destacados, como sus elegantes avenidas y galerías, sus barrios señoriales, el Delta y la cercana isla Martín García.

No menos atrayentes que la gran urbe son otras ciudades de la costa y del interior de la provincia de Buenos Aires; Tandil, Balcarce, San Antonio de Areco, Luján; Mar del Plata, Pinamar, Villa Gesell, Cariló, Monte Hermoso o cualquiera de los demás balnearios de la costa atlántica. Mucho, casi demasiado, para ver en el transcurso de una breve visita.

Debido a la variedad y heterogeneidad de los atractivos es difícil trazar o recomendar un itinerario que permita contemplar todo lo que vale la pena conocer. Depende del tiempo y del gusto de cada uno sentar prioridades. De todos modos resulta favorable para el visitante, ya que virtualmente todo el año es bueno para recorrer con comodidad los puntos turísticos más interesantes.

Desde luego que un buen espectáculo de tango, un sabroso asado regado por un vino apropiado y la compra de algunos artículos de cuero de calidad serán los "deberes" para todo extranjero que pretenda llevarse el recuerdo del genuino sabor de este dilatado y hermoso país.

Although it is the largest and most densely-populated area (Metropolitan Buenos Aires houses ten million inhabitants concentrating almost 30 % of the total population of the country), far from being the oldest Argentine city, it is preceded by Santiago del Estero, Mendoza, San Miguel de Tucumán, Santa Fe and Cordoba, before founded by the Spaniards.

Additionally, the city of Buenos Aires that Juan de Garay founded in 1580 in the present site was just an insignificant village for centuries while other towns in the interior of the country flourished. Only at the beginning of the XIXth century, the now proudly called "Queen of the River Plate" blossomed.

It would take months, even years, just to become acquainted with the capital (200 km^2) and Greater Buenos Aires area (4,326 km^2). Consequently, visitors must focus on its close-by outstanding attractions, such as its elegant avenues and shopping arcades, its majestic districts, the Delta and the island of Martin Garcia.

There are also other coastal cities and in the interior of the province of Buenos Aires as alluring as the big capital, such as Tandil, Balcarce, San Antonio de Areco, Lujan, Mar del Plata, Pinamar, Villa Gesell, Carilo, Monte Hermoso or any of the other seaside resorts of the Atlantic Coast. It is a lot, almost too much, for a short visit.

Due to the variety and diversity of the attractions, it is difficult to work out or give advise on a travel plan comprising its highlights. It depends on tastes and time. However, it is advisable to do so since, basically, the most interesting tourist attractions included in this chapter can be easily visited year-round.

Naturally, a good tango show, a delicious barbecue conveniently accompanied with the correct wine and some high quality leather shopping are a "must" for any visitor looking for a genuine souvenir of this large, beautiful country.

Un oasis verde. Uno de los atractivos que más fascinan a los visitantes es el Delta: una maraña de ríos, arroyos e islas cubiertas de una tupida vegetación, donde se puede navegar, remar o pasar un fin de semana.

Las islas del Delta se forman por la continua sedimentación de las partículas arrastradas por el Paraná y que confieren al río y al estuario donde desemboca su coloración característica; algún poeta lo llamó acertadamente "río color del león". Por las aguas se realizan numerosas excursiones en confortables catamaranes, pero no menos interesante resulta una visita al pintoreco Puerto de Frutos, en San Fernando, con sus productos del país (Fotos: Focus).

A green oasis. One of the attractions that most fascinates visitors is the Delta: a tangle of rivers, streams and islands covered with lush vegetation, where one can sail, row, or spend the weekend. The isles of the delta were formed by the continuous sedimentation of the particles dragged by the Parana. These small particles give the river and estuary their special color. A poet called it the lion color river. Many excursions sail in these waters such as the comfortable catamarans. The picturesque land visit to the Puerto de Frutos (fruit market) in San Fernando where all kinds of goods are sold is not to be missed (Photo: Focus).

Las Galerías Pacífico. En un edificio recientemente reciclado, es uno de los exponentes más característicos de esta metrópoli señorial que fue y es Buenos Aires y que con justa razón se llama La Reina del Plata.

The Galerias Pacifico. This shopping mall is located in an old building, recently recycled. It stands as an example of that ineffable noblesse and pomposity which was and is Buenos Aires, christened by its inhabitants the Queen of the River Plate.

La Plaza de Mayo —la antigua Plaza Mayor o de la Victoria— está situada 58° 22' al oeste de Greenwich, y 34° 36' al sur del ecuador. La altura oficial de la ciudad de Buenos Aires, medida en el peristilo de la Catedral es de 18 metros 44 centímetros y 4 milímetros sobre el mar.

The plaza de Mayo —the old Plaza Mayor or de la Victoria— is located at 58° 22' west of Greenwich, and 34° and 36' south of the equator. The official height of the city of Buenos Aires, measured at the peristyle of the Cathedral, is 18 meters 44 centimeters and 4 millimeters above sea level.

En la Plaza Mayor. El Cabildo de Buenos Aires, situado en el extremo oeste de la antigua Plaza Mayor y actual Plaza de Mayo, es donde el 25 de mayo de 1810 se desarrollaron los hechos que condujeron al surgimiento de la Nación argentina. Aunque recortadas sus dos alas y muy modificado, el Cabildo es el símbolo más entrañable de la argentinidad. Los domingos al mediodía pasan frente a él los granaderos de San Martín camino al relevo de la guardia del gran capitán en la vecina Catedral.

***In the Plaza Mayor.** The Cabildo (Town hall) of Buenos Aires located on the west wing of what used to be Plaza Mayor (main square) and is presently Plaza de Mayo, is the place where on May 25th, 1810, the events which led up to the birth of the Argentine Nation took place. Although both wings have been reduced and it has been greatly remodeled, the Cabildo is the dearest and deepest felt symbol of the Argentine People. On Sundays there is a change of guard at the neighboring Cathedral and you can see San Martin's Grenadiers walking past the Cabildo at noon.*

Ciudad del tango. Buenos Aires es conocida a nivel mundial por ser la ciudad donde nació y se cultiva el tango, confinado hoy día en buena parte a los escenarios con espectáculos para los turistas. La música en sí es ejecutada, sin embargo, con igual unción que cuando surgió en los arrabales a principios del siglo XX. El bandoneonista es el intérprete principal —o al menos el más característico— de la denominada "música típica".

The tango city. Buenos Aires is known all around the world as the city where the tango was born and is still refined. Although nowadays it is basically confined to stages and shows for tourists. Its music however is still played and heard with the same devotion as it used to have when it began in the beginning of the 20th century. The bandoneon player is the main performer, or at least the most representative of this kind of tune called typical music.

Silueta y río. Antiguamente —hasta el siglo XIX— la silueta de Buenos Aires se presentaba, a quien se le acercaba por el río en barco, como una ciudad chata dominada por las cúpulas y torres de las iglesias y los conventos. Desde entonces su aspecto mucho ha cambiado porque las torres actuales son de cristal, concreto y acero. El distrito de la Capital Federal es separado de la provincia de Buenos Aires por una autopista de circunvalación, la avenida General Paz, que llega hasta el Río de la Plata.

River and silhouette. In the old times, until the 20th century, Buenos Aires was, to the eyes of a person looking on from a ship coming in, a flat city with prominent church and convent domes and towers. Buenos Aires looks very different since then, because the towers now are made of glass, concrete, and steel. The district of the Federal Capital is separated from the province itself by a highway called General Paz Avenue. This highway runs all the way round the city until it gets to the Rio de la Plata.

Muchas de las ciudades españolas en Sudamérica fueron fundadas y refundadas más de una vez. Ataques de los indios, incendios, inundaciones, terremotos u otras contingencias obligaron a menudo a abandonar los asentamientos.

Tal el caso también de Buenos Aires. En febrero de 1536 el primer adelantado del Río de la Plata, don Pedro de Mendoza, asentó el pueblo de Nuestra Señora Santa María de Buenos Aires junto a un curso de agua que los expedicionarios llamaron Riachuelo de los Navíos y que hoy se denomina río Luján, en memoria del capitán Diego de Luján, muerto a sus orillas en un combate con los naturales.

En ese sitio aquella primera Buenos Aires existió, entre hambrunas y desnudeces, por espacio de cinco años hasta que sus últimos habitantes fueron trasladados a Asunción del Paraguay, convertida en capital del adelantazgo.

Cuando en 1541 arribó el segundo adelantado, Alvar Núñez Cabeza de Vaca, mandó repoblar Buenos Aires cerca de la confluencia del río San Juan con el Río de la Plata, próximo a Colonia del Sacramento, en un lugar hoy llamado Barra de San Juan, en la actual República Oriental del Uruguay.

En ese punto la segunda Buenos Aires —oficialmente no reconocida como tal— perduró siete meses antes de ser abandonada por no habitable, según refiere Alvar Núñez en sus *Commentarios*.

La fundación definitiva fue realizada por el capitán vizcaíno Juan de Garay el 11 de junio del año del Señor de 1580, día del solsticio de invierno en el hemisferio austral, tomando como epicentro de lo que el fundador llamó Ciudad de la Trinidad y Puerto de Buenos Aires una colina donde trazó la Plaza Mayor —hoy Plaza de Mayo—, y a su alrededor las parcelas distribuidas entre los primeros 65 pobladores.

Many of the Spanish cities in South America were founded more than once. Attacks by indians, fires, floods, earthquakes or other hazards often made people abandon the settlements. This was also the case in Buenos Aires. In February 1536 the first conqueror of the Rio de la Plata, don Pedro de Mendoza, settled the town of Nuestra Señora Santa Maria de Buenos Aires next to the course of water the expeditionists called Riachuelo de los Navios which is today the Lujan river in memory of the Captain Diego de Lujan who died along its banks in combat with the natives.

This Buenos Aires lasted here during five years until the last inhabitants were taken to Asuncion del Paraguay, which was converted into the capital of the government.

The second commander Alvar Nuñez Cabeza de Vaca arrived in 1541 and sent Buenos Aires to be settled next the confluence of the San Juan river and the Rio de la Plata, near Colonia del Sacramento, in a place which today is called Barra de San Juan, in the present Uruguay republic.

This second Buenos Aires, not officially recognized as such, lasted at this site for seven months before being abandoned for being uninhabitable, as is told by Alvar Nuñez in his *Commentarios*.

The final and definite founding achieved by Captain Juan de Garay on June 11th of the year 1580, then the day of winter solstice in the southern hemishphere, taking as an epicenter of what the founder called City of Trinidad and Port of Buenos Aires, a hill outlining Playa Mayor —which today is Plaza de Mayo—, and around it the parcels of land distributed among the first 65 settlers.

Cristal, concreto y acero. En lo que se llama "el bajo", al pie de la antigua barranca sobre la que se levanta la ciudad y en terrenos ganados al Río de la Plata, se yerguen numerosas torres en el barrio denominado Catalinas Norte. Puesto que Buenos Aires no puede extenderse hacia el estuario, se expandió hacia el norte, el oeste y el sur.

Glass, concrete, and steel. In what is called el Bajo at the foot of the old slope on which the city was built and on landfills gained from the river waters the neighborhood of Catalinas Norte was built. These office tower buildings, and great hotels were built in the seventies. Since Buenos Aires couldn't extend towards the estuary it spread to the North, the West and the South.

Jardines y vida cosmopolita. Llama la atención del visitante el verde que abunda en plazas, jardines, avenidas y paseos públicos de Buenos Aires. Un lugar clásico para encontrarse y charlar son los cafés de Buenos Aires, como éste al aire libre, "La Biela", frente a la Recoleta.

Gardens and cosmopolitan life. The green areas all around Buenos Aires, like squares, gardens, avenues and public promenades surprise and interest visitors. The Buenos Aires Cafes are typical places to get together with friends and chat like this outdoor street cafe "La Biela" right accross from Recoleta.

El Centro de la gran urbe. Buenos Aires, en realidad, fue fundada tres veces. Donde hoy se levanta la que en otros tiempos fue la ciudad más populosa del hemisferio austral, es el sitio definitivo elegido por el capitán vizcaíno Juan de Garay, en 1580. Pero en homenaje a la primera fundación, efectuada en 1536 por don Pedro de Mendoza, se erigió este obelisco de 67 m en lo que es el ombligo de la metrópolis, el cruce de las avenidas Corrientes y Nueve de Julio, el bulevar más ancho del mundo. También cruza aquí la Avenida Pte. Roque Sáenz Peña (también conocida como Diagonal Norte).

The heart of a big city. Buenos Aires was really founded three times. Juan de Garay in 1580, chose the place where the city that once was the highest populated in the southern hemisphere stands today. The obelisk was built in honor of the first founding in 1536 by Pedro de Mendoza. It is 67m tall and is placed in the metropolitan navel, exactly in the crossing of Corrientes and 9 de Julio Avenue, the widest boulevard in the world. The Avenue Presidente Roque Saenz Peña (also known as Diagonal Norte) crosses there as well.

121

Antiguallas para todos los gustos. Buenos Aires, que tiene más galerías de arte que París, es la meca de quienes gustan de pinturas valiosas, muebles de estilo, vajilla lujosa y platería antigua. A nivel más popular y accesible se ha establecido, con funcionamiento todos los domingos del año en la plaza Dorrego de San Telmo, un mercado de pulgas de categoría donde cualquiera puede encontrar el objeto que hace tiempo ha estado buscando. Por ejemplo los hermosos teléfonos clásicos a simple manivela, o con disco pero auricular separado, primorosamente restaurados a nuevo.

Antiques for all tastes. Buenos Aires, which has more art galleries than Paris, is the mecca for those who enjoy valuable paintings, stylish furniture, luxurious table settings and antique silverwear. Also at a more popular and accessible level there is a well known market that operates every Sunday in a square called plaza Dorrego in the neighborhood of San Telmo. It is a place where people go to find what they had long been looking for. Some items you may find there are completely renewed beautiful antique classic crank operated phones or those with dials but with separate receivers.

El arte de matear. El mate es toda una institución en el Río de la Plata. Las proverbiales virtudes de las hojas desecadas de la yerba mate (*Ilex paraquarensis*) ya eran conocidas por los aborígenes antes del arribo de los españoles. Pero fueron los jesuitas en Paraguay y la provincia de Misiones, durante el siglo XVII, quienes comenzaron a cultivar la planta para su consumo masivo. El mate se toma en una pequeña calabaza, que a veces puede ser muy decorada, con la ayuda de un canuto con colador en su extremo inferior, llamado bombilla. En la calabaza o el mate se introduce la yerba molida, se agrega azúcar —o no, según se prefiera mate dulce o amargo— y se echa agua caliente. El mate, con su infusión vivificante gracias a la mateína (parecida a la cafeína y la teína), da la vuelta de boca en boca si es servido en presencia de un grupo de personas, amigos y forasteros incluidos, en señal de hospitalidad criolla.

The art of drinking mate. The mate is an institution in the Rio de la Plata. The proverbial virtues of the dried leaves of the "yerba mate" (ìlex paraquarensis) were already known by the aborigenes before the arrival of the Spaniards. But it was the Jesuits in Paraguay and in the province of Misiones, during the 17th century, who began to cultivate the plant for massive consumption. The mate is drunk from a small container made from dried squash shell, which some-times can be very decorated, through a metal straw with a small strainer at the end called bombilla. You put the crushed "yerba" weed in the mate, you add sugar, or not, depending upon the preference, and you add hot water. The mate, which is a refreshing and enlivening infusion due to the mathein (similar to caffeine and thein), is passed from mouth to mouth if served in a group of people, friends and outsiders included, it is a symbol of creole hospitality.

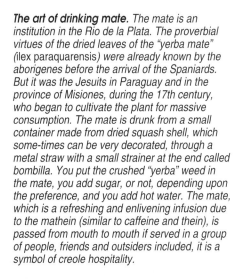

Tradición criolla. Las pulperías fueron siempre el lugar donde en pleno campo se congregaban gauchos, paisanos, viandantes y jinetes. Algunos de estos despachos de bebidas y vicios aún perduran, sobre todo en la campiña bonaerense, como "Los Dos Ombúes", no lejos de Pilar; el "Boliche de los Giménez", cerca de Capilla del Señor, donde el pulpero atiende detrás de las rejas, o bien el almacén de ramos generales del paraje Beladrich, cuyo amplio surtido de productos confiere a su interior un aire polícromo.

Creole tradition. Pulperias *(general stores) have always been the place, in the middle of the country, where gauchos, peasants, travelers, and horse riders used to gather. Some of these drink and vice stores still remain. Most of them are in the province of Buenos Aires such as Los Dos Ombues not far from Pilar, Boliche de los Gimenez, near Capilla del Señor where the shopkeeper serves the customer behind bars, and Paraje Beladrich near Capitan Sarmiento, which has a wide variety of products.*

BUENOS AIRES				Calendario de lluvias				MAR DEL PLATA			
ENERO	FEBRERO	MARZO	ABRIL
127 mm	106 mm	117 mm	91 mm
MAYO	JUNIO	JULIO	AGOSTO
74 mm	72 mm	72 mm	74 mm
SEPTIEMBRE	OCTUBRE	NOVIEMBRE	DICIEMBRE
70 mm	106 mm	99 mm	88 mm

ENERO	FEBRERO	MARZO	ABRIL
91 mm	80 mm	110 mm	68 mm
MAYO	JUNIO	JULIO	AGOSTO
82 mm	58 mm	64 mm	68 mm
SEPTIEMBRE	OCTUBRE	NOVIEMBRE	DICIEMBRE
63 mm	79 mm	75 mm	94 mm

El primer polo turístico. Con su célebre Piedra Movediza, que el 29 de febrero de 1912 se deslizó de su emplazamiento primitivo y cayó rompiéndose en mil pedazos, la ciudad bonaerense de Tandil se había convertido, a partir de la llegada del ferrocarril en 1890, en el primer centro turístico masivo que tuvo la Argentina. Hacia allí convergían miles de curiosos para contemplar cómo el enorme bloque se hamacaba. Donde se encontraba "la Movediza" todavía quedan algunas piedras en situación precaria, aunque ninguna de éstas se mueva. En cambio el gran atractivo de Tandil, hoy, es su Vía Crucis con esculturas de famosos artistas plásticos y la solemne celebración de los ritos de Semana Santa.

The first tourist resort. On February 29, 1912 the famous Piedra Movediza (Moving stone) slipped from its original location and fell down breaking into a thousand pieces in Tandil, a city in the Province of Buenos Aires. With this event and with the arrival of the railroad in 1890, it became the first and main tourist center in Argentina. Many curious people came to see how the enormous piece of stone swayed. There are still some stones in precarious state, although none of these move, in the place where the moving stone used to be. Nowadays the new attractions in Tandil are the Via cruxis containing sculptures made by famous artists, and the solemn Easter ritual celebration.

Tierra de gauchos. San Antonio de Areco, distante 125 km de Buenos Aires por la R.N. 8, es una de las localidades de provincia donde mejor se preservaron las costumbres gauchescas. Aquí se festeja cada año el Día de la Tradición. En sus afueras se conserva el puente de ladrillos —primero con cobro de peaje— que se construyó en el siglo XIX. Por aquí pasaba el camino de Buenos Aires a Córdoba, Tucumán y el Alto Perú.

Land of the gauchos. San Antonio de Areco, 125 km from Buenos Aires going through the National Route 8, is one of the places where the customs of the gauchos are best preserved. This is where the "Tradition Day" is celebrated each year. On the outskirts the first brick toll bridge — built in the 19th century — is still conserved. The road from Buenos Aires to Cordoba, Tucuman and Alto Peru used to pass here.

La ciudad feliz. Mar del Plata dista 400 km de Buenos Aires. Por ser el destino de cientos de miles de turistas cada verano, es llamada "la ciudad feliz". Hoteles y torres de oficinas dominan la silueta de la urbe vista desde la playa. De noche la actividad por la peatonal es intensa. En primavera se realiza la Fiesta del Mar en el puerto y en el agua. No olviden su nombre: Mar del Plata.

The happy city. Mar del Plata founded at the end of the 19th century on some cliffs on the Atlantic is about 400 km south of Buenos Aires. It is called the happy city because hundreds of thousands of tourists spend their vacation there each summer. From the beaches, one can see the urban silhouette of hotels and office buildings. At night, there is a lot of activity on San Martin street which is for pedestrians only. When spring arrives there is a celebration called The Festival of the Sea held at the port and in the ocean. Don't forget its name: Mar del Plata.

Buenos Aires nació en forma definitiva en 1580 como un villorrio compuesto de chozas. Hoy su city ofrece una silueta imponente a la salida del Sol, aunque también conserva no pocos edificios antiguos, como la Aduana, ahora transformada en local nocturno.

Buenos Aires was founded in 1580 as a misery hamlet on the River Plate. Today it proudly shows its skyline at the moment of sunrise. However, there are not few old buildings left, like for instance the venerable Customs offices, which now lodges a night club.

Patagonia, Tierra del Fuego y Antártida Argentina

Patagonia, Tierra del Fuego and Antarctica

Esta región es demasiado vasta para que el visitante pueda conocerla ni aun en forma somera. No es para menos: los territorios del Comahue, la Patagonia y Tierra del Fuego abarcan casi 800.000 km² o sea 28 % de la superficie continental del país. De modo que el forastero debe a la fuerza ceñirse a un itinerario estricto para conocer los atractivos más sobresalientes. Dentro de este esquema, en primer lugar cabe mencionar al ventisquero Perito Moreno que, junto con otro glaciar, Upsala, más grande aún que aquél aunque algo más apartado, alimenta el nivel del lago Argentino y el caudal del río Santa Cruz. Tres parques nacionales —Perito Moreno, Los Glaciares y Tierra del Fuego— y numerosos monumentos y reservas naturales salpican las mesetas y los valles patagónicos, entre los que se destacan los bosques petrificados. Eso sin contar la numerosísima fauna a lo largo de toda la costa, desde la península Valdés, pasando por Punta Tombo, hasta los acantilados y las rías ubicadas más al sur.

Si bien la Patagonia estuvo ocupada, antes de la llegada del hombre blanco, tan sólo por cazadores trashumantes (que no crearon cuadros de cultivo ni construyeron ciudades como sus parientes amerindios en el Noroeste argentino), éstos dejaron huellas indelebles de su presencia como la llamada Cueva de las Manos, en el valle del río Pinturas.

La red vial no es muy densa, aunque permite llegar a todos los puntos importantes. Pero la necesidad de cubrir distancias tan grandes para llegar de un extremo a otro impone el uso del avión. Trelew, Comodoro Rivadavia, Río Gallegos, Ushuaia y Calafate poseen aeropuertos que permiten el acceso rápido a las principales atracciones turísticas.

El extremo peninsular de la Antártida Argentina está separado del Cabo de Hornos, por el estrecho de Drake, de tan sólo 1.500 km. Cruceros y excursiones permiten conocer en los meses de verano un mundo blanco dotado de una fauna asombrosamente rica.

Cualquier época del año se presta para visitar la cuña austral de Sudamérica.

Visitors will find that this region is exceedingly vast to tour, even superficially. The area of Comahue, Patagonia and Tierra del Fuego cover almost 800,000 km², that is to say 28 % of continental Argentina. Consequently, foreigners must abide by a strict itinerary covering the most remarkable attractions.

Among them, firstly, the Perito Moreno Glacier together with the Upsala, even larger than the former, although somewhat more distant, glides into Lago Argentino and Santa Cruz river. There are three National Parks — Perito Moreno, Los Glaciares and Tierra del Fuego — and several monuments and natural reserves in the Patagonian plateaus and valleys, among which the petrified forests outstand. Besides, there is large animal life on the coast from the Valdes peninsula, through Punta Tombo, to the cliffs and the southern estuaries.

Although Patagonia was inhabited before the coming of white men only by nomad hunters that did not cultivate the land nor build towns like their Amerindian kinsmen in the Argentine Northwestern region, they left indelible traces of their presence. Possibly the most remarkable vestige is the Cave of the Hands in the valley of the Pinturas river.

Communication routes are scarce but reach the most important sites. However, due to the distances separating different points, flying is unavoidable. There are airports at Trelew, Comodoro Rivadavia, Rio Gallegos, Ushuaia and Calafate allowing a quick and easy access to the main tourist attractions.

The tip of the Argentine Antarctic Peninsula is separated from Cabo de Hornos by the Drake Strait at 1500 km distance. Cruises and tours visit in summertime this white world with a suprisingly rich animal life. Disregarding the intensity of winds, the spice of Patagonia, any time of the year is excellent to visit the southern wedge of the South American Continent. In all, this region is a year round attraction.

Ruta Nacional 40, sector Sur

Route 40, Southern section

El sector austral de la R.N. 40 nace en el acceso este de la ciudad de Mendoza, punto donde se levanta la figura estilizada de la Virgen María. Desde este Mojón 0 la carretera recorre 3.115 km, siempre paralela a la Cordillera, hasta Punta Loyola, cerca de Río Gallegos. A partir de esta vía troncal el viajero tiene acceso a ocho Parques Nacionales: Laguna Blanca, Lanín, Los Arrayanes, Nahuel Huapi, Lago Puelo, Los Alerces, Perito Moreno y Los Glaciares, y a varias Reservas Integrales y Monumentos Naturales.

The southern section of the national road 40 begins in the eastern access of the city of Mendoza, which is the place where the slender figure of the Virgin Mary stands. From the starting landmark 0 the parkway covers 3,115 km and runs entirely parallel to the mountain range (the cordillera), until Punta Loyola which is near Rio Gallegos. The tourist has access to 8 National Parks through this main road: Laguna Blanca, Lanin, Los Arrayanes, Nahuel Huapi, Lago Puelo, Los Alerces, Perito Moreno and Los Glaciares as well as to various Integral Reserves and Natural Monuments.

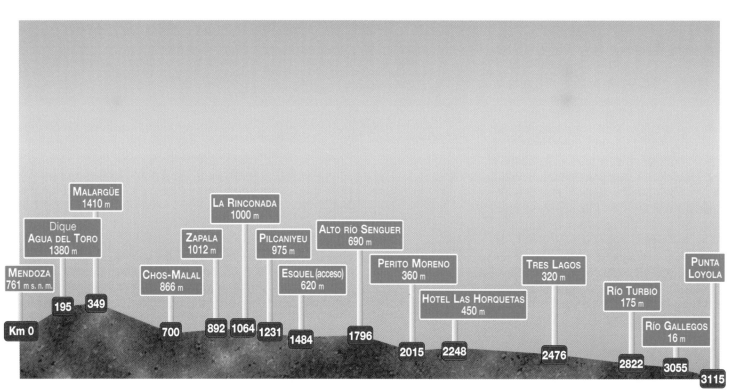

En el acceso a Zapala una lograda escultura, que representa a un colono dirigiendo una chata tirada por bueyes, recuerda la epopeya de la colonización de la Patagonia.

At the entrance to Zapala there stands a well achieved sculpture representing a colonist leading a flatcar pulled by oxen in remembrance of the epic of the Patagonian colonization.

En Chos Malal se desprende un camino transversal que conduce a la Cordillera del Viento y llega a pueblitos encantadores como Andacollo, ubicado cual una esmeralda en el seno de los Andes.

A transverse road comes forth from Chos Malal leading to the Cordillera del Viento and making it possible to reach small delightful towns like Andacollo which is located like an emerald in the heart of the Andes.

Entre Malargüe y Zapala la carretera pasa primero cerca del volcán Domuyo (4.709 m), la mayor elevación de la cordillera austral, y toca luego Chos Malal donde se encuentra el Fortín Cuarta División, hoy convertido en museo.

Between Malargüe and Zapala the highway goes around the Domuyo volcano (4,709 m) which is the highest elevation of southern Cordillera and later reaches Chos Malal where the historic fort of the 4t[h] division now operates as a museum.

El valle de color rojo. En el noroeste de la provincia de Santa Cruz el río Pinturas ha tallado un cañadón profundo de color rojizo. Por eso los naturales mapuches llamaban a este curso y su valle *kolon-niyeu*, que significa "tierra de color (rojo)" o bien río Pinturas. Curiosamente, a mediados del siglo XX se halló, en unos aleros situados sobre el cañón, cientos de pinturas rupestres plasmadas por los indígenas (Foto: Jorge Schulte).

The red colored valley. In the Northwest of the Santa Cruz the Pinturas river has carved a deep reddish canyon. This is why the Mapuche indians called the course and its valley kolon-niyeu *which means red colored earth, or rio Pinturas — curiously in the middle of the 20th century hundreds of rupestrian paintings made by the indians were found high above of the canyon (Photo: Jorge Schulte).*

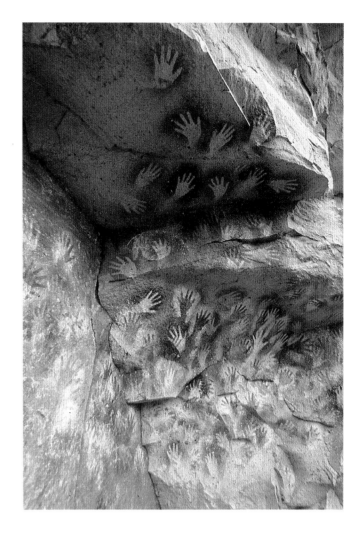

La Cueva de las Manos. En los acantilados del valle del río Pinturas se encuentra la Cueva de las Manos. Se trata en rigor de varios aleros contiguos donde los naturales aplicaron en las paredes la impronta de sus manos, usando para ello pigmentos naturales. Excavaciones hechas por Gradin, Aguerre y Aschero mostraron que la cueva estuvo habitada hace 9.000 años, aunque las pinturas propiamente dichas (se contabilizaron 829 improntas, la mayoría de la mano izquierda) verosímilmente no son tan antiguas.

Cave of the painted hands. This cave is situated on the cliffs of the Valley of the Pinturas river. On its walls the natives made imprints of their hands using natural pigments. Excavations made by Gradin, Aguerre and Aschero showed that the cave was inhabited 9,000 years ago although the pictures (a total of 829, most of them of the left hand) are not so old.

Una joya entre lagos y bosques. San Martín de los Andes, sobre el extremo este del lago Lácar, es una de las villas turísticas más hermosas. Se encuentra en la provincia de Neuquén, al sudoeste de Zapala y al norte de San Carlos de Bariloche. A escasa distancia funciona el centro de esquí Chapelco. Sobre el Camino de los Siete Lagos que conduce a Bariloche se atraviesa el Arroyo Partido. Esta singularidad hidrográfica se llama así porque en un punto determinado se bifurca, vertiendo la mitad de sus aguas al Atlántico y la otra mitad al Pacífico.

***Jewel among lakes and forests.** San Martin de los Andes, on the west extreme of the Lacar lake is one of the most beautiful tourist resorts. This town is located in the province of Neuquen, to the Southwest of Zapala and to the North of San Carlos de Bariloche. Chapelco ski center is not very far from there. The Arroyo Partido (Parted brook) crosses over the road of the seven lakes which goes to Bariloche. It gets its name because at a certain point it divides into two branches; one flows into the Atlantic and the other half flows into the Pacific.*

Volcanes, lagos y ríos. El Parque Nacional Lanín está dominado por el volcán homónimo (3.774 m) cuyo cono perfecto se refleja en el espejo del lago Huechulafquen, de aguas tan ricas en peces como la de los arroyos de la región. También abundan ciervos, animal al que en San Martín de los Andes se erigió un monumento. En los ríos, como el Limay y otros, se practica el rafting con botes inflables.

Volcanoes, lakes and rivers. Lanin National Park takes its name from the nearby homonym volcano. This volcano (3,774 m) reflects its summit in the Huechulafquen lake, its waters being as rich in fish as the streams in the region. There are also quite a lot of deer. The deer have a monument in their honor in San Martin de los Andes. Rafting on inflatable boats is practiced in the Limay as well as in other rivers.

El Sur pintoresco. Los lagos del Sur fueron descubiertos hace tiempo para el buen vivir, y a orillas del Nahuel Huapi se estableció el germen de lo que hoy es Bariloche. La casa de madera del primer poblador, aunque hoy desarmada, aún se preserva. En esa región como a todo lo largo de los Andes, en otoño los árboles adquieren mil tonalidades y dan al paisaje un tinte similar al verano indio norteamericano.

The picturesque South. The southern lake district has long ago been discovered as a true paradise for living. On the shores of the Nahuel Huapi lake early settlers founded what is now Bariloche, the very first wooden lodge being still preserved. In this region as well as all along the Andes mountain range, in autumn, the landscape covers itself with a thousand colors like North America during the Indian Summer.

Con sabor a naturaleza e historia. En la península Valdés se combinan muchas atracciones turísticas. A lo largo de las costas se puede observar cascos, calderas y otros restos de barcos naufragados en el transcurso de los siglos, mientras que la Isla de los Pájaros es territorio intangible donde se protegen diversas especies de aves raras. Esta hermosa reproducción de la primera capilla levantada por los españoles junto a un fuerte ya desaparecido da cuenta de pasados tiempos coloniales.

With a taste of nature and history. Many tourist attractions combine at the Valdes peninsula. All along the coast one can see hulls kettles and other remains from shipwrecks during the course of the centuries, while the Island of the Birds is intangible territory where the diverse species of rare birds were protected. This beautiful reproduction of the first chapel built by the Spaniards next to a fort, no longer in existence, tells of past colonial times.

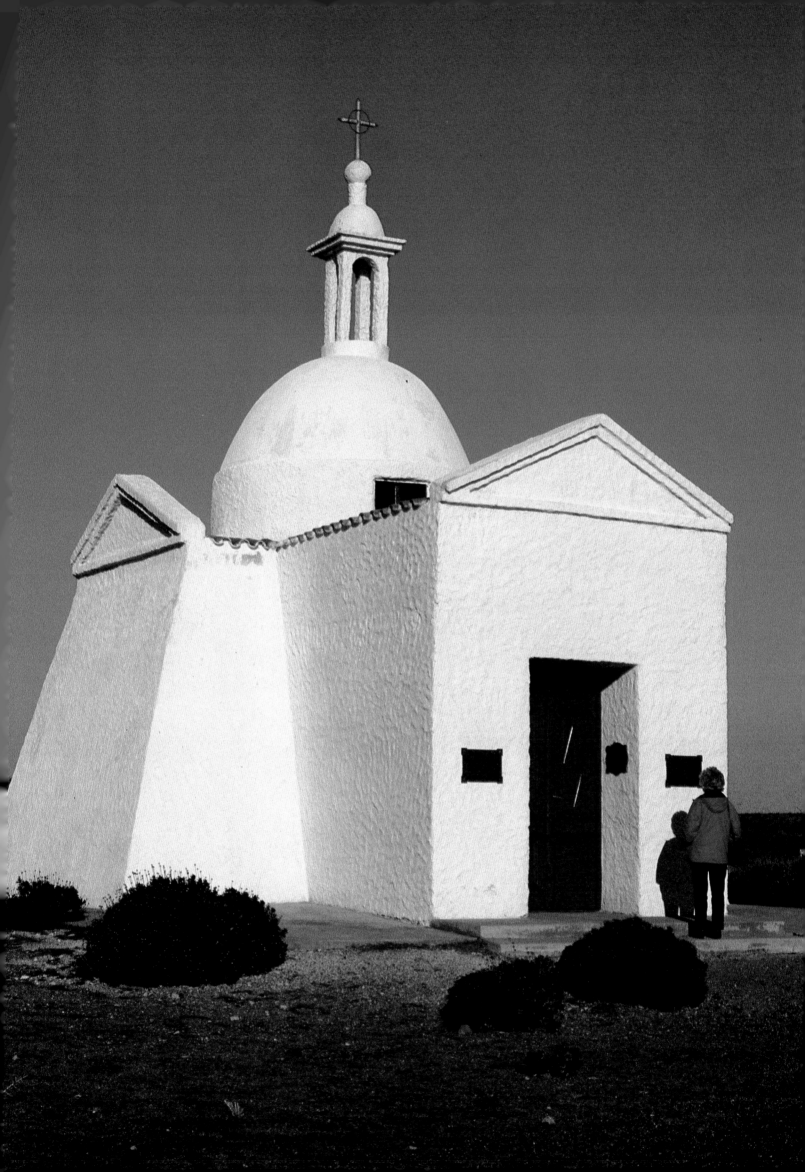

Arboles fósiles. En diversos lugares de las provincias de Chubut y Santa Cruz existen extensos bosques petrificados. Los troncos y las ramas pertenecen a araucarias y tienen una antigüedad probable de unos 70 millones de años. El proceso de fosilización se produce cuando los árboles son cubiertos por sedimentos y con posterioridad se filtra agua enriquecida con minerales hasta las plantas. Una de estas reservas abarca 4.000 km² (Foto: Carlos Passera).

Fossil trees. In several places of the provinces of Chubut and Santa Cruz there are large petrified forests. The logs and branches belong to araucariae and are about 70 million years old. The process of fossilization is produced when the trees are covered by sediments and then the water enriched by minerals filters through the plants. One of these reserves comprises about 4,000 km² (Photo: Carlos Passera).

La península de los animales. La península Valdés está unida al continente por el istmo Florentino Ameghino. Sus acantilados, albuferas y caletas le confieren un encanto particular, no obstante la escasa vegetación. En extensas franjas de sus arenosas playas abundan colonias de pingüinos, elefantes y lobos marinos y aves. Las Salinas Grandes, en el corazón de la península, están 35 m bajo el nivel del mar. Acceso a Valdés desde Trelew y Puerto Madyn, Chubut.

The peninsula of the animals. The Valdes peninsula is joined to the continent by the Florentino Ameghino isthmus. Its cliffs, lagoons and small ports award the peninsula with a particular charm despite its scarce vegetation. There are colonies of penguins, elephants, birds and sea lions all along the sandy beaches. The Great Salines, in the heart of the peninsula are 35 m below sea level. You can come here from Trelew or Puerto Madryn (Chubut).

Calendario de lluvias

S. C. DE BARILOCHE

ENERO	FEBRERO	MARZO	ABRIL
26 mm	21 mm	27 mm	52 mm
MAYO	JUNIO	JULIO	AGOSTO
128 mm	123 mm	149 mm	125 mm
SEPTIEMBRE	OCTUBRE	NOVIEMBRE	DICIEMBRE
56 mm	34 mm	25 mm	34 mm

PENÍNSULA VALDÉS

ENERO	FEBRERO	MARZO	ABRIL
11 mm	9 mm	10 mm	10 mm
MAYO	JUNIO	JULIO	AGOSTO
18 mm	13 mm	17 mm	12 mm
SEPTIEMBRE	OCTUBRE	NOVIEMBRE	DICIEMBRE
9 mm	11 mm	14 mm	14 mm

Las ballenas. La ballena franca ha sido declarada Monumento Natural. Abundan en los golfos San José y Nuevo, frente a la península Valdés, donde se congregan a partir de octubre de cada año para aparearse. Los ejemplares más grandes de este mamífero gigante alcanzan un largo de 15 m, pero a pesar de su tamaño realizan piruetas asombrosas. Con un bote de avistaje es posible acercarse a ellas hasta casi poder acariciarlas con la mano.

The whales. The whales have been declared a Natural Monument. Whales are mainly found in the gulfs of San José and Nuevo in front of the Valdes peninsula. That is where every year they gather from October on, to mate. This giant mammals can reach a lenght of 15 m and in spite of their sizes can do the most amazing tricks. If you go by boat it is possible to get close enough to almost touch them.

Los grandes ojos. Con sus grandes ojos que irradian curiosidad y asombro, el elefante marino juvenil observa al turista que se le acerca para tomar una fotografía. Perseguidos en el pasado, esta y otras especies gozan ahora de una amplia protección.

The big eyes. The juvenille elephant seal looks at the tourists with big curious eyes full of amazement when they get close and take pictures. Although harassed in the past they now enjoy ample protection.

Temperatura del agua en el Mar Argentino (febrero)
The temperature of Argentine Sea waters in February

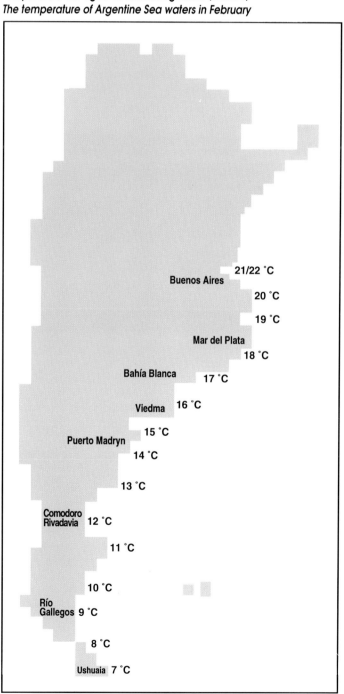

Buenos Aires   21/22 °C
20 °C
19 °C
Mar del Plata
18 °C
Bahía Blanca   17 °C
Viedma   16 °C
15 °C
Puerto Madryn
14 °C
13 °C
Comodoro Rivadavia   12 °C
11 °C
10 °C
Río Gallegos   9 °C
8 °C
Ushuaia   7 °C

Vigía de las costas. El faro de Río Negro, cerca de Viedma, es uno de los tantos fuegos costeros que sirven para la seguridad de la navegación. Es el más antiguo de los faros argentinos y, si bien su estructura tiene tan sólo 16,5 m de altura, su alcance es grande por hallarse sobre una barranca.

The lookout of the coasts. The lighthouse of Rio Negro, near Viedma, is one of the guiding fire lights that help in the navigation security. This is the oldest Argentine lighthouse and although it is only 16.5 m tall its scope is twice as big since it is placed on a cliff.

Vida y muerte. En la costa de la península Valdés una orca aguarda en el agua para capturar a un lobo de un pelo, o león marino, apenas uno de éstos se atreva a abandonar la tierra segura para volver al mar. Entre tanto, una hembra de elefante marino amamanta a su recién nacido. Los machos de esta especie alcanzan hasta seis metros de largo (Foto: Carlos Passera).

Life and death. On the coast of the Peninsula Valdes an orca awaits in the water to catch a sea lion. Not many lions will dare leave safe land to go back into the sea. Meanwhile a female elephant seal gives milk to her newborn. The males of this species can get to be up to 6m long (photo: Carlos Passera).

La gran pingüinera. Al sur de Madryn, se encuentra en las inmediaciones de Punta Tombo la más grande pingüinera continental. Los animales que se congregan aquí para procrear y empollar son pingüinos magallánicos, especie característica de la costa patagónica del Atlántico (Fotos: Focus).

The penguins. One of the biggest congregations of the continental penguin is found to the south of Madryn, near Punta Tombo. These animals get together to mate and breed. They are the Magallanic penguins and they are characteristic of the Atlantic Patagonian coast (Photos: Focus).

La costa patagónica. La costa atlántica patagónica tiene un particular encanto. Hermosa y poco concurrida es la playa Unión, cerca de Rawson, con una extensa costanera bordeada por una arboleda. En la cercana población de Gaiman, fundada por colonos galeses, casas de té invitan a tomarlo acompañado por la rica torta galesa.

The Patagonian coast. The Atlantic coastalong Patagonia has a particular charm. Playa Union, near Rawson, is beautiful anci receives few tourists. It has a long coast surrounded by grove. In the nearby town of Gaiman, founded by Welsh settlers, tea rooms invite the passerby to tea and Welsh cake.

Agujas de granito. Sobre el paralelo 49° sur, a partir de donde comienza a extenderse el Hielo Continental, se yergue una hilera de agujas de roca que ofrecen un espectáculo sobrecogedor y captan a miles de escaladores de todo el mundo. La vista resulta tan imponente porque las torres emergen desde muy escasa altura para elevarse en forma vertical miles de metros. El cerro Fitz Roy (3.375 m) es el más alto de todo este grupo, y algunos de sus vecinos más conspicuos son: cerro Torre; Torre Eger; cerro Solo; Poincennot; Guillaulmet; Saint-Exupéry; La Bífida, La Indominata y el Cordón Adela. Acceso desde Río Gallegos o Calafate, Santa Cruz (Foto: Jorge Schulte).

Granite Needles. On the parallel 49° South from which the continental ice begins to spread, there is a chain of stone needles that provides the landscape with a surprising view and is a special attraction for thousands of climbers who come all over the world. The sight is so impressive because the towers emerge from very low to later rise thousands of meters. Mount Fitz Roy (3,375 m) is the highest of this group and some of its most conspicuous neighbors are: Torre Peak, Torre Eger; Solo; Poincennot; Guillaumet, St. Exupery; La Bifida, La Indominata and the Cordon Adela. Access from Rio Gallegos or Calafate, in Santa Cruz (Photo: Jorge Schulte).

Calendario de lluvias

LAGO ARGENTINO

ENERO	FEBRERO	MARZO	ABRIL
19 mm	10 mm	16 mm	26 mm
MAYO	**JUNIO**	**JULIO**	**AGOSTO**
34 mm	20 mm	29 mm	23 mm
SEPTIEMBRE	**OCTUBRE**	**NOVIEMBRE**	**DICIEMBRE**
18 mm	12 mm	11 mm	10 mm

USHUAIA

ENERO	FEBRERO	MARZO	ABRIL
51 mm	48 mm	51 mm	49 mm
MAYO	**JUNIO**	**JULIO**	**AGOSTO**
49 mm	41 mm	36 mm	44 mm
SEPTIEMBRE	**OCTUBRE**	**NOVIEMBRE**	**DICIEMBRE**
44 mm	34 mm	40 mm	46 mm

Paraíso de la fauna. La Patagonia, no obstante estar apenas poblada por el hombre, tiene una fauna numerosa y variada, desde pequeños roedores y copia de volatería hasta el diminuto pudú-pudú, que se encuentra en los bosques andinos entre las latitudes 36° y 50° sur. El pudú-pudú es el ciervo más pequeño del mundo y una especie casi extinguida y protegida. El animal adulto alcanza una altura de tan sólo 35 cm.

The fauna paradise. Although the Patagonia is practically uninhabited by man, it certainly has a complete and diverse fauna. From guanacos and rodents to the minute pudu-pudu, that is found in the Andean forests between 36 and 50 degrees southern latitude. The pudu-pudu is the smallest deer in the world, it is an almost extinct species and is therefore protected. The adult reaches a height of only 35 cm.

Patagonia infinita. La Patagonia, así llamada porque los primeros navegentes europeos cuentan que los habitantes primitivos se caracterizaban por tener pies muy grandes (*pata goas*, en portugués), atrapa a quien alguna vez la vivió. Valles surcados por ríos o salpicados de lagunas se alternan con mesetas para dar a esta comarca su característica inconfundible. En casi toda su extensión la Patagonia está ocupada por estancias donde se crían ovejas (Fotos: Jorge Schulte).

The endless Patagonia. Patagonia gets its name because the first Europeans told of the big feet the primitive inhabitants had and the translation for big feet in Portugueses pata goas. *It traps anyone who has lived there. Valleys surrounded by rivers or splattered with lagoons and mixed with mesetas give it unmistakable characteristics. Farms that rear sheep occupy practically the entire Patagonia (Photos: Jorge Schulte).*

Tierra del fin del mundo. Ushuaia, sobre el canal de Beagle, es la ciudad más austral del mundo. El tiempo cambia allí en rápida sucesión: sol radiante, nubes, chaparrones, arco iris y algo de nieve en invierno. En el cercano Parque Nacional Tierra del Fuego, en el paraje Lapataia, es posible acampar. Para llegar a Ushuaia por tierra desde Río Grande se debe pasar por el paso Garibaldi bordeando el lago Fagnano y atravesando la cordillera austral. Ushuaia es por lo tanto la única localidad argentina "del otro lado" de los Andes.

Land of the end of the world. Ushuaia, on the Canal de Beagle, is the southernmost city in the world. The weather changes in rapid successions: Radiant sun, clouds, showers, a rainbow and even some snow in winter. In the nearby National Park of Tierra del Fuego in Lapataia, it is possible to camp. To get to Ushuaia by land from Rio Grande, the Garibaldi pass has to be crossed. It winds round the Fagnano lake and goes through the Southern Cordillera. Ushuaia therefore is the only Argentina city on the "other side" of the Andes.

Espectáculo mayor. Desde el casquete gélido del Hielo Continental descienden numerosos glaciares hacia ambas vertientes. Del lado argentino los heleros más notables desembocan en el lago Argentino: el Upsala y el ventisquero Perito Moreno. Si bien el crugido debido al desprendimiento de témpanos por el constante avance del glaciar es de por sí imponente, el espectáculo mayor se da a intervalos de dos, tres o cuatro años cuando se produce su rotura. Este fenómeno ocurre porque el glaciar forma un dique natural que embalsa las aguas del Brazo Rico. Cuando la presión del líquido embalsado quiebra la gélida barrera, éste escurre hacia el lago Argentino, primero a través de un túnel formado por el mismo hielo. Acceso desde Río Gallegos y Calafate, Santa Cruz (Foto: Carlos Passera).

The greatest show. *From the gelid helmet of the continental ice shelf many glaciers run down towards the Atlantic as well as to the Pacific. From the Argentine side the most important snowcaps, Upsala and the Perito Moreno, flow into Argentino lake. The crackling caused by the loosening of icebergs from the glacier is in itself impressing, but the greatest show takes place every two to four years when it breaks. This phenomenon occurs because the glacier creates a natural dike that dams up the waters of Brazo Rico. When the pressure of the dammed up liquid breaks the icy barrier this water runs towards lago Argentino, first through a tunnel formed by the same ice. You can get here from Rio Gallegos and Calafate, Santa Cruz (Photo: Carlos Passera).*

Vista satelital del lago Argentino, con el desplazamiento de hielos.

Satellital view of Argentino lake, with the ice movements.

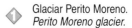 Glaciar Perito Moreno.
Perito Moreno glacier.

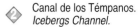 Canal de los Témpanos.
Icebergs Channel.

3 Témpanos desprendidos
del glaciar Upsala.
Icebergs coming of Upsala glacier.

El frente del ventisquero Perito Moreno alcanza una altura de unos 60 metros. Las proporciones respecto de una persona quedan dramáticamente demostradas en esta vista tomada de la península de Magallanes (Focus).

The Perito Moreno glacier rises to a height of up to 60 meters. The proportions, in comparison to a person, may be seen in this dramatic view from Magallanes peninsula (Focus).

Un trozo de Antártida. El Hielo Continental Patagónico es en cierto modo una prolongación de la Antártida en territorio argentino y chileno. Tiene una extensión norte-sur de 600 kilómetros. Asentando sobre la divisoria continental, llega desde el Océano Pacífico hasta los lagos australes, cuyas cuencas fueron excavadas en el pasado por glaciares desprendidos del gélido caparazón. La superficie del casquete es de unos 22.000 km² o sea el equivalente al área de la provincia de Tucumán, y la masa de hielo acumulada formaría un cubo de diez kilómetros de ancho, por diez de largo, por diez de alto.

Tan sólo el Parque Nacional Los Glaciares da nacimiento a 356 lenguas de hielo. El glaciar más grande es el Upsala, descubierto en 1908 por un científico sueco y bautizado así en homenaje a la ciudad universitaria donde estudió: recibe 42 afluentes, tiene una longitud de 65 km, hasta 20 km de anchura y cubre 595 km²; el segundo por tamaño es el Viedma, con 575 km². A su vez el ventisquero Perito Moreno (llamado inicialmente, en 1899, Bismarck-Gletscher por su descubridor, el geólogo alemán Rudolf Hauthal) alcanza una extensión de 35 km y avanza a razón de metro y medio por día. Es el más conocido pues desde que produjo en 1939 su primer contacto con la península de Magallanes se sucedieron los avances y las roturas del dique de hielo, que son un espectáculo incomparable.

Cuando se produce el cierre, las aguas del brazo Rico elevan su nivel hasta 36 metros; por fin el agua embalsada quiebra la pared de hielo para volcarse hacia el lago Argentino.

A chunk of Antarctica. *The continental patagonean ice is in a way an extension of the Antarctica in Argentine and Chilean territory. It extends 600 km north to south.*
From the continental division it goes from the Pacific ocean to the austral lakes, whose basins were dug in the past by glaciers that broke off the gelid carcass. The area of the cap is some 22,000 km² which is equivalent to the area of the province of Tucuman and the mass of ice that accumulates forms a cube 10 km wide by 10 km in length by 10 km in height.
The National Park of Los Glaciares alone creates 356 glaciers. The largest is Upsala, discovered in 1908 by a Swedish scientist and christened so in honor the city of the university where he studied: with 42 affluents, it is 65 km long, 20 km wide and covers 595 km²; the second in size is Viedma, 575 km².
At the same time the Perito Moreno (initially called in 1899, Bismarck Gletscher, by the German geologist who discovered it, Rudolf Hauthal) reaches an extension of 35 km and advances at a rate of one meter and a half a day. It is the best known, from the historical time in 1939 when it produced its first contact with the Magallanes peninsula, the succession of advances and the fractures of the ice dam give a show not to be compared.
When it encloses, the waters of the brazo Rico raise 36 meters above standard level, until the water pressure finally breaks the wall of ice to flow into the Argentino lake.

Antártida Argentina. El casquete polar antártico cubre un tercio de la tierra firme del hemisferio austral. Su gran masa de hielo y nieve marca los climas de América del Sur, Sudáfrica y Australia. Un importante sector del continente blanco corresponde a la Argentina, donde la Nación hace funcionar numerosas bases de investigación. Los témpanos que se desprenden son llevados por las corrientes marinas hasta muy lejos. Cruceros turísticos en los meses de verano permiten a curiosos de todo el mundo ver estas maravillas
(Foto: Focus).

Argentine Antarctica. The Antarctica polar sheet covers a third part of solid ground in the southern hemisphere. Its great mass of ice and snow mark the climate in South America, South Africa an Australia. A very important part of this white continent belongs to Argentina, where the nation has established several research bases. The loose icebergs are carried by ocean currents to far away places. Tourist cruises allow curious people from all over the world enjoy this marvel in summer (Photo: Focus).

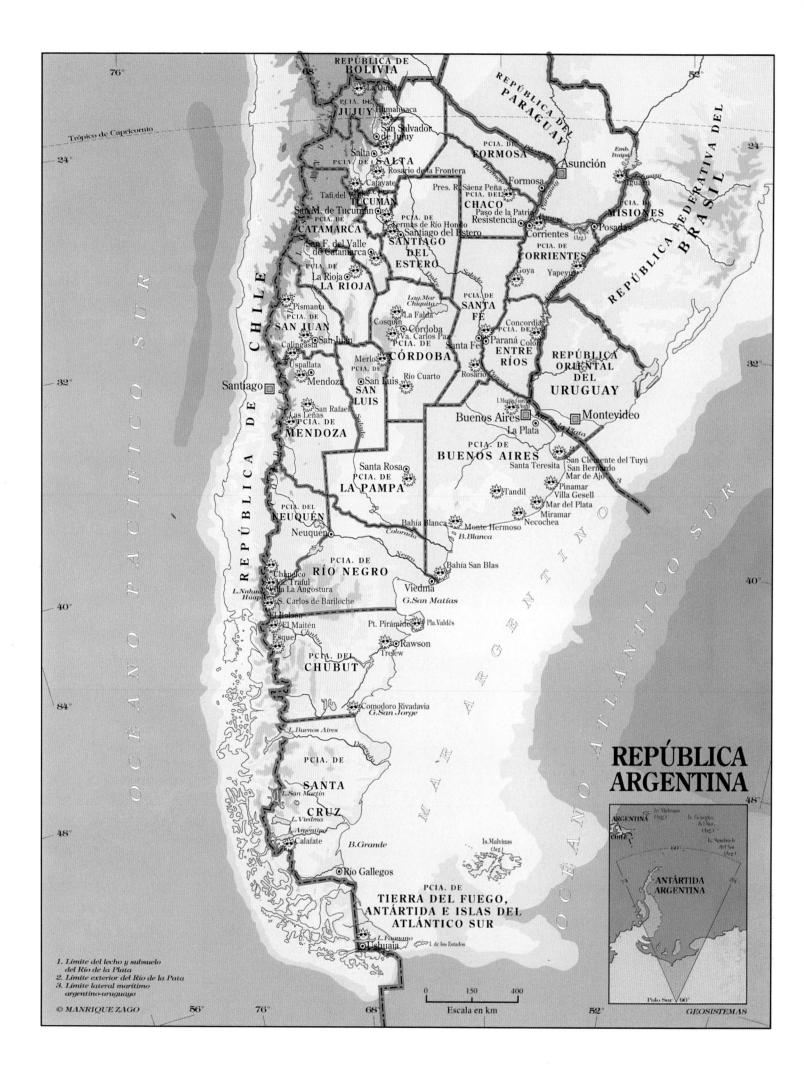

REPÚBLICA
ARGENTINA

"... para nosotros,
para nuestra posteridad
y para todos
los hombres del mundo..."

*"... for us,
for our posterity
and for all the men
of the world..."*

Fragmento del Preámbulo
de la Constitución Nacional Argentina.

*A fragment of the Preamble
of the Argentine National Constitution.*

El autor agradece al doctor Jorge Schulte, a Carlos A. Passera, Antonio Legarreta, Guido Fillippi, Hans y Verónica Liechti, Rodolfo H. Varela, Jorge Rampone, Alberto Lindor Ocampo y Germán G. Goraber por colaborar con fotografías —individualmente identificadas—, además de las diapositivas de Focus, Buenos Aires; a Santiago G. de la Vega por su asesoramiento sobre fauna y flora; al ingeniero Alejandro Antonovich y a Carlos Riviere del Estudio AR 2001 y a Miguel Capuz por la interpretación que efectuaron de los mapas incluidos en este libro.

Las piezas arqueológicas reproducidas pertenecen a las colecciones de Juan Carlos Yankelevich; Aroldo Rosso (Museo Ambato, La Falda); R.P. Baudilio Vázquez (Santa María); Museo Arqueológico Calchaquí Fray Mamerto Esquiú (San Fernando del Valle de Catamarca); Rodolfo I. Bravo (Museo Arqueológico Calchaquí, Cafayate); Ricardo A. Causa; Museo Arqueológico Municipal, Andalgalá; y Federico B. Kirbus.

Nota

En las páginas 4, 9, 17, 28, 29, 56, 59, 73, 93, 103, 104, 109, 129 y 143 aparecen mapas alegóricos e infografías. Para salvar las omisiones de éstos se publica en la página 158 un mapa completo de la República Argentina, Islas Malvinas y el sector Antártico Argentino.
En el perfil de montañas de la página 78 se debe leer: Socompa: 6.031 m.
En el gráfico del Paso de Huaytiquina en la página 98 se debe leer: Portezuelo Huaytiquina 4.293 m; y en el Paso de la Cumbre en la misma página al referirse a la cota debe decir: 3.832 m.
En la página 99, en la cota del Paso de Agua Negra debe leerse: 4.779 m.
En la página 135, al referirse al volcán Lanín debe decir: 3.776 m. En la página 147 debe decir que la cota del monte Fitz Roy es de 3.405 m.

La publicación de los mapas de la presente edición ha sido autorizada por el Instituto Geográfico Militar del Ejército Argentino. Expediente: GG6 0211/5.

country of wonders
Argentina
país de maravillas

se terminó de imprimir en Mateu Cromo
en noviembre de 1998, en Pinto, España